DARNLEY

DRAME

CHATILLON-SUR-SEINE. — IMPRIMERIE E. CORNILLAC

DARNLEY

DRAME

EN QUATRE ACTES

PAR

AUGUSTE ADAM

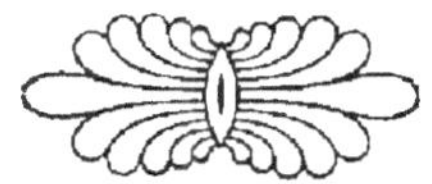

CHATILLON-SUR-SEINE

IMPRIMERIE DE E. CORNILLAC

—

1873

PERSONNAGES

DARNLEY, époux de Marie Stuart.

LORD BOTHWEL.

LE LAIRD BUCCLEUGH.

SIR LETHINGTON, secrétaire du Conseil de la Reine.

LE COMTE DUCROC, ambassadeur de France.

LORD BEDFORD, ambassadeur d'Angleterre.

LORD ARGYLE.

LORD LINDSAY.

REDWINE D'ORMISTONE.

ROLAND GROEME, écuyer de la Reine.

SIR DEWIS.

BERNET, huissier.

GORDON, écuyer.

PANTALEONE SCAPANTI.

GRÉGORACH MAC-CAT⟩
JACK WILKINS   ⟩ personnages muets.

MARIE STUART, reine d'Écosse.

LADY FLEMING, maîtresse du Palais.

CATHERINE SEYTON.

ANNA, nourrice de Marie Stuart.

DARNLEY

ACTE PREMIER

Une salle du palais d'Holyrood.

SCÈNE PREMIÈRE

A gauche MARIE STUART, travaillant à une couronne de mariée ; CATHERINE SEYTON, façonnant des rubans ; ROLAND GRŒME, debout à côté d'elle ; LADY FLEMING, lisant ; à droite, DUCROC, assis à une table.

LADY FLEMING, fermant avec humeur le livre dans lequel elle lisait.

C'est trop fort! quelle horreur!

MARIE.

D'où vient ce beau transport, lady Fleming?

LADY FLEMING.

Ce dernier envoi de messire Brantôme; c'est une abomination!

1

MARIE.

Vraiment? Et que vous a fait ce galant homme?

LADY FLEMING.

Galant! merci Dieu! c'est irrévérencieux qu'il faut dire !
m'est avis qu'il n'ira pas en paradis.

MARIE.

Ce pauvre monsieur de Brantôme!

ROLAND.

Bah! il y passerait une heure ou deux par semaine, qu'il
n'y serait pas trop mal venu, je gage.

MARIE.

Aussi pourquoi lady Fleming va-t-elle se brûler les doigts
à ce damné livre? Ne vaut-il pas mieux dire ses heures?

LADY FLEMING.

Votre Majesté a raison; j'en ferai pénitence. Du temps de
la feue reine, et à l'époque où lord Fleming me faisait la
cour, j'ai connu un gentilhomme gascon qui se prit de querelle avec un Révérend Père cordelier parce que...

MARIE, à Roland qui parle bas à l'oreille de Catherine.

Tout beau, jeunes fiancés; lady Fleming, veillez donc à
préserver nos yeux de familiarités aussi contraires à l'étiquette.

LADY FLEMING, avec importance.

Conformément aux ordres que Votre Majesté veut bien me
donner, je réprimerai sévèrement toute infraction aux lois de
la bienséance. Du temps que lord Fleming me faisait la
cour. j'ai connu dans la suite de la feue reine un gentilhomme
gascon qui ..

MARIE, à Catherine.

Voyez, ma mie, je vous ai fait là la plus jolie couronne de
mariée qui se soit vue de longtemps.

ROLAND.

Voilà qui est fait de main de reine!

MARIE.

Si c'était là son seul mérite..... Essayons-la. (Elle se lève pour essayer la couronne sur la tête de Catherine ; Roland veut l'aider.) A bas les mains, monsieur! (Elle la pose sur la tête de Catherine.) N'est-ce pas une merveille?

ROLAND.

Ravissant!

LADY FLEMING.

Révérence gardée, c'est un ouvrage de fée.

MARIE.

Eh bien, bel écuyer, que dites-vous de cette jolie tête? Ajoutez à cela un voile de mariée, une belle robe blanche, et un petit air langoureux dē victime que l'on traîne au sacrifice, et vous aurez la plus adorable épousée qui se puisse voir.

ROLAND.

Ah! madame, c'est à l'embrasser tout de suite.

MARIE.

Quels beaux feux! Tâchez au moins que ce ne soient pas feux de paille, monsieur l'espiègle! (Prenant la main de Catherine.) De qui cette jolie bague?

CATHERINE, avec une certaine animation.

Du roi; il me l'a envoyée avec une lettre.... si touchante.

MARIE, froidement.

Ah!

Elle reprend la couronne et se rassied.

LADY FLEMING.

Du temps de la défunte reine, j'ai connu à la cour un gentilhomme gascon....

MARIE.

Mais voici monsieur l'ambassadeur de France qui semble
en peine.

DUCROC.

Sur ma foi, madame, je ne sors pas de l'épithalame que
vous m'avez commandé pour la noce de ces deux beaux
jeunes gens; mon Pégase va d'un train de cheval de meule.

MARIE.

Voyons cela.

Ducroc lui apporte le papier sur lequel il écrivait.

Elle lit.

« Pour célébrer cette joyeuse aurore,
        « La torche en main,
« Chantons en chœur sur un rythme sonore
        « Les chants d'hymen ! »

Mais ce n'est pas mal. — Attendez donc, monsieur l'ambassadeur, je vous y prends !

DUCROC.

En quoi, madame ?

MARIE.

Cette inspiration si difficile, à votre dire, n'est autre que
l'inspiration de Catulle, dont vous me servez effrontément
une traduction.

DUCROC.

Vraiment ?

MARIE.

Oui, vraiment ;

        « *Incitusque hilari die*
        « *Nuptialia concinens......*

DUCROC.

C'est, ma foi, vrai ! Aussi qui se serait douté ?....

MARIE.

Que j'avais lu Catulle ! Peine perdue, en effet, puisque je
devais vous lire ! (Déchirant le papier.) Je vous donne vingt-quatre
heures pour recommencer.

DUCROC, retournant à sa table.

Me voilà donc pour vingt-quatre heures interné au Par-
nasse !

MARIE.

Et dans la compagnie de Catulle ; plaignez-vous donc.

DUCROC.

Celle des Grâces me suffirait, madame.

MARIE.

Les trois Grâces vous remercient, comte ; mais voici votre
inspiration qui commence ; vite, profitez-en. (A Lady Fleming.)
Pardon, lady Fleming, mais il me semble que tout à l'heure
vous nous contiez quelque chose ?

LADY FLEMING.

Oui, madame. Ce gentilhomme gascon s'étant pris de
querelle avec un Révérend Père cordelier, à propos d'un livre
licencieux, ce Père qui était un rude docteur....

ROLAND, à qui Catherine vient de taper sur les doigts.

Aïe ! aïe !

MARIE.

Qu'y a-t-il encore ? Ces jeunes gens sont d'une turbu-
lence !.. Comment voilà trois fois que lady Fleming veut
nous conter une histoire d'un gentilhomme gascon, et du
temps où lord Fleming lui faisait la cour encore ! et vous
ne cessez de l'interrompre !

ROLAND.

Que Votre Majesté me pardonne; mais c'est que....

Il se tient le poignet.

CATHERINE.

Vous ai-je fait mal?

ROLAND.

Du tout.... un bien infini.

CATHERINE.

Mais je vois une petite égratignure.

ROLAND.

Oh ! ce n'est rien... un petit coup...

CATHERINE.

D'épée ?

ROLAND.

Non.

MARIE.

D'arquebuse ?

ROLAND.

Oh! non, c'est bien plus grave !

CATHERINE.

Mais alors....

MARIE.

Alors, c'est au moins un coup de griffe!

ROLAND.

De tournebroche.

TOUS.

De tournebroche !

ROLAND.

Mon Dieu ! oui, hier soir, dans une bagarre.....

MARIE.

Ah ! j'y suis, quelques jeunes fous qui ont bataillé contre des presbytériens. Je ne m'étonne pas d'apprendre que vous en étiez.

CATHERINE.

Imprudent !

MARIE.

Voyons comment vous racontez l'histoire ? Héroïque, sans doute.

ROLAND.

Jugez plutôt. Nous passions, Hamilton, Athol et moi, près de la croix d'Edimbourg, quand nous vîmes un rassemblement d'oisons qui se tenaient le bec ouvert, humant la parole d'une espèce de prédicant nasillard. Juché sur un tonneau, il gesticulait, déclamait, clabaudait....

MARIE.

Contre moi, cela va sans dire; contre la Moabite qui rétablit le culte des idoles et persécute Israël. Est-ce cela ?

ROLAND.

Exactement ; le drôle, qui n'était autre qu'un ancien tailleur, avait enfilé une phrase déjà longue d'une aune, et dont homme qui vive n'aurait vu la fin, quand nous lui rendîmes le service de lui couper le fil, en partant d'un gros éclat de rire. Là-dessus, cris et grincements de dents ; le saint homme fulmine, les hommes jurent, les femmes piaillent, les enfants sifflent, les chiens hurlent, les pierres volent, et nous voilà forcés de mettre l'épée à la main.

LADY FLEMING.

Des gentilshommes se commettre ainsi avec la populace !

ROLAND.

Vous avez dit le mot. Hamilton eut affaire à un tanneur,
Athol à un farinier, moi j'échus à un rôtisseur.

CATHERINE.

Le misérable ! si j'avais été là.

DUCROC.

Toucher à son Roland ! Vive Dieu ! c'était un saint de moins
dans Israël !

MARIE.

Noble sang ne peut mentir. Sa mère a été tuée d'un coup
d'arquebuse devant Dunbar, auprès de lord Seyton, son
mari, qu'elle suivait dans la mêlée. Elle est bien fille de sa
mère. Tendre et soumise à ceux qui l'aiment; terrible pour
qui l'offense ! N'est-ce pas, Catherine ? (Elle lui serre la main.)
Pour vous, Roland, en punition de cette belle équipée, je
vous impose de me réciter le sermon de votre prédicant, et
nous profiterons de votre exhortation fortifiante. Je sais que
vous avez un charmant talent de parodier le prochain. Parlez, nous écoutons.

ROLAND.

C'est Votre Majesté qui l'exige ! (Nasillant.) Moi, Ézéchiel,
indigne entre les indignes, humble entre les humbles, mais
zélé entre les zélés serviteurs de Dieu ; aux justes et aux
saints salut et bénédiction ; anathème aux impies et aux
adorateurs d'idoles.... aux adorateurs d'idoles...

MARIE.

Eh bien ! après ?

ROLAND.

Malheur à celle qui porte la couronne au sein d'Israël....

MARIE.

A la bonne heure! C'est cela. — Allez!

ROLAND.

Malheur à celle qui relève l'idole de Dagon, et touche du luth en l honneur de Baal! Car j'élèverai la voix comme le pélican du désert ; et l'épée du Seigneur qui a dispersé les Philistins, les Moabites, les Benjamites...

MARIE.

Et les Madianites.

ROLAND.

Et les Madianites, s'appesa ntira sur l'impie et l'abattra aux pieds de ses idoles.

MARIE.

C'est magnifique.

Tous rient.

ROLAND.

Comme Sidrac, Meschbach et Abednego.....

L'HUISSIER, annonçant.

Monseigneur l'ambassadeur d'Angleterre.

Entre lord Bedford. — Emoi général.

MARIE.

Grand Dieu! Sidrac, Meschbach et Abednego en personne! Quel trouble-fête! Lady Fleming, soyons graves.

DUCROC.

Je retourne à mon épithalame.

SCÈNE II

Les Précédents ; LORD BEDFORD.

LORD BEDFORD.

Je vois avec plaisir que Votre Majesté continue à jouir d'une santé prospère, et si j'en juge par l'air souriant qui règne ici sur tous les visages, j'ai lieu d'augurer que l'humeur de son esprit répond à la santé de son corps.

MARIE, avec une majesté un peu ironique.

Milord ambassadeur, Sa Majesté la reine d'Ecosse vous remercie des marques d'intérêt dont Votre Grâce lui fait hommage. Elle est aise de vous assurer que l'état heureux de sa santé répond au parfait contentement de son esprit, et que les seuls soucis qui la préoccupent en ce moment sont ceux de la couronne........ de mariée de miss Seyton. Et quelles nouvelles nous apportez-vous de notre bonne sœur la reine Elisabeth ? Les dépêches si fréquentes qu'elle envoie à son ambassadeur, me donnent la preuve de l'intérêt vraiment affectueux, de la sollicitude toute particulière qu'elle porte aux choses de ce royaume, et me procurent le bonheur bien doux de savoir presque chaque jour des nouvelles de sa chère santé.

BEDFORD, lui remettant un paquet.

Que Votre Majesté me permette de lui remettre une lettre de ma gracieuse souveraine, en même temps que son portrait, gage d'une affection qu'elle désire voir se resserrer chaque jour davantage.

Marie lit la lettre.

BEDFORD à Ducroc.

Vous travaillez, monsieur le comte ?

DUCROC.

Rude labeur, milord, j'aligne des vers ; et sur mon âme
autant aligner une compagnie de recrues ! Pas un qui reste
dans les rangs !

BEDFORD.

La fougue française !.. toujours en avant !.. en poésie
comme en amour !

DUCROC.

Et comme à la guerre, milord, vous alliez l'oublier !

MARIE, à Bedford.

Je remercie ma bonne sœur du beau portrait qu'elle m'envoie ; je ne lui sais pas un moindre gré des excellents conseils qu'elle me donne sur la tolérance en matière religieuse.
Que ma bonne sœur se rassure! La religion de la reine
d'Angleterre est aussi librement pratiquée autour de moi,
que celle de la reine d'Ecosse l'est peu dans son royaume.
Oui, tout le monde est libre ici de confesser sa croyance, tout
le monde excepté moi, peut-être ! (Avec émotion et amertume.) J'aime
ma religion, milord ; elle a été celle de mes ancêtres, elle est
restée celle de ma famille et de tous ceux qui ont été chers
à mon enfance ; elle a béni mon berceau ; seule elle bénira
ma tombe. Si j'étais habile, je suivrais le torrent qui ren-
verse chaque jour quelque chose de nos vieilles croyances;
mais ce que je ne fais pas par conviction, je ne le ferai pas
par lâcheté ; — et à cet égard, je me sens une force que je
voudrais avoir en toutes choses, qui ne fléchira ni devant la
persécution ni devant le martyre, si jamais il plaît à Dieu
d'en commander l'épreuve. — Mais voyez le beau portrait,
mesdames! Ah ! c'est bien ainsi que je me figurais cette fière
vestale, assise sur le trône d'Occident ; entretenant des feux
qui ne la brûlent jamais, mais qui embrasent tous ceux qui
l'approchent.

LADY FLEMING.

C'est en effet, une imposante prestance.

MARIE.

Une idée, milord ! Je vais vous poser à brûle-pourpoint
une question capable d'embarrasser votre vieille expérience.
(A Dueroc.) Approchez, monsieur le comte, vous allez servir
de conseil à milord Bedford.

> Roland et Catherine sortent à la dérobée ; lady Fleming court
> après eux.

BEDFORD.

En vérité, madame, j'éprouve quelque peur...

MARIE.

De vous compromettre ? Il y a de quoi, je vous en pré-
viens. — Quelle est la plus belle d'Elisabeth ou de moi ?

BEDFORD.

Votre Majesté m'accordera que l'hésitation en pareille matière est déjà un hommage.

MARIE.

Eh bien ! milord, mon ambassadeur Melvil n'a pas hésité
comme vous.

BEDFORD.

Vraiment ?

MARIE.

Ma bonne sœur lui fit un jour exactement la même demande.

BEDFORD.

Et que répondit sir Melvil ?

MARIE.

Qu'il n'y avait en Angleterre rien de comparable à la reine
d'Angleterre.

DUCROC.

Et rien en Ecosse d'aussi beau que Marie Stuart.

BEDFORD.

Sir Melvil a dit vrai, madame.

DUCROC.

Il a été du moins fort habile.

MARIE.

Et vous, milord, quelle sera votre réponse ?

BEDFORD.

Que Votre Majesté daigne m'excuser......

DUCROC.

Milord est bien entre des déesses, mais il n'est pas le berger Pâris.

MARIE.

A la bonne heure ! et il décerne la pomme à Minerve, qui est la déesse de la prudence.

L'HUISSIER, annonçant.

Milord Bothwell.

> Botthwell entre botté et en tenue de voyage. — Il salue la reine et les personnes présentes qui lui rendent son salut. Bedford et Ducroc s'approchent pour prendre congé de la reine.

MARIE.

Déjà, milord ?

BEDFORD.

Des affaires pressantes...

MARIE.

Et vous, monsieur le comte, un rendez-vous, je gage ?

DUCROC.

Avec les muses, si elles y viennent ; ce maudit épithalame
à finir.....

MARIE.

Puisque vous m'abandonnez..... Au revoir, messieurs, Dieu
vous garde !

SCÈNE III

MARIE, BOTHWELL.

Sur un geste de la reine, Bothwell s'assied ; Marie se tient debout à côté de lui.
Il baise la main qu'elle lui présente.

MARIE.

Enfin, voilà mon chevalier de retour.

BOTHWELL.

Haletant et poudreux, mais qui ne connaît point la fatigue
pour le service de sa dame.

MARIE.

Toujours la lance au poing et le heaume en tête, chevau-
chant par monts et par vaux, comme Amadis des Gaules et
Palmerin d'Angleterre.

BOTHWELL.

Chère Marie !

MARIE.

Il faut que je vous gronde ! A quoi bon tant battre les
chemins comme si le feu était aux quatre coins de l'Ecosse !
Dites, quelles actions incomparables avez-vous accomplies ?

Quels géants pourfendus? Quels enchanteurs conjurés et mis
à mal ?

BOTHWELL.

Je ne connais qu'une enchanteresse, et je lui ai donné
ma vie !

MARIE.

Vous n'avez pas couru de dangers, au moins?

BOTHWELL.

N'avais-je pas pour talisman le souvenir des bontés de ma
reine, et l'espoir d'en être accueilli par un sourire à mon
retour?

MARIE.

Flatteur ! Et cette blessure que vous avez reçue naguères
en combattant pour moi, il faut la soigner, imprudent ! Donnez, que je vous débarrasse de votre vaillante épée, et que je
vous serve un verre de vin d'Espagne.

BOTHWELL, prenant le verre des mains de Marie.

Mille grâces, charmante Hébé.

MARIE.

Avez-vous bien pensé à moi, pendant votre absence?

BOTHWELL.

Vous me le demandez? Et vous, Marie?

MARIE.

Moi ! A qui penserais-je, si ce n'est à mon Botbwell!
Sans lui, ma vie est bien triste, bien vide; avec lui je renais,
je me console du passé, j'ai foi dans l'avenir.

BOTHWELL, tristement.

L'avenir !

MARIE.

Encore! Mon cœur se dilatait, oubliait; pourquoi agiter devant moi ces voiles sombres?

BOTHWELL.

Et pourtant... (Il prend un papier dans son habit, puis, comme changeant d'idée, il le jette sur la table.) Vous avez raison, Marie, oublions, cela vaut mieux.

MARIE.

Cet air de mystère... (Prenant le papier.) Quel est cet écrit?

BOTHWELL.

On me l'a remis pendant ma tournée dans le royaume; donnez; il est sans valeur pour vous.

MARIE, lisant.

« Convention entre les pairs et seigneurs d'Ecosse sur les bases proposées à Sa Majesté au château de Kraigmillar... » (Parlant.) Kraigmillar; c'est-là que je reçus la visite des comtes d'Argyle, de Huntley, de Lethington et d'autres..

BOTHWELL.

En effet, c'est là que dans une solennelle entrevue ils rappelèrent les graves et intolérables offenses que vous avez reçues de Darnley, son ingratitude, son arrogance, ses vices, les scandales de sa conduite, depuis qu'il vous a outrageusement quittée; et que s'inspirant de leur devoir envers leur souveraine ils prirent sur eux de lui proposer.....

MARIE.

Le divorce! saisir le parlement, la cour de Rome de nos discordes. Me livrer moi-même et mon honneur à toutes les représailles, toutes les calomnies.....

BOTHWELL.

Vous souvenez-vous, Marie, de ce qu'ont ajouté les lords?

MARIE.

Oui, Lethington m'a fait, en termes mystérieux, certaines
ouvertures que je n'ai pas voulu comprendre. Je ne les ai
pas écoutées ; je me reproche de les avoir entendues.

BOTHWELL.

Et cependant, Marie, c'était la noblesse presque entière de
l'Ecosse qui parlait ainsi par leurs bouches ; c'étaient d'anciens
et fidèles serviteurs qui n'avaient jamais marchandé leur sang
à la couronne et qui venaient offrir à leur reine un moyen
sûr et légitime.....

MARIE.

Légitime, dites-vous?

BOTHWELL.

Qu'importe la forme et le lieu du châtiment, si le châtiment est juste !

MARIE.

Bothwell, ce langage m'effraie.

BOTWELL, accentuant ses paroles.

Bien autre chose nous effraie, nous ! Que vous hésitiez à
prononcer vous-même, soit ; mais retenez bien ceci, Marie :
entre l'offenseur et la victime, entre l'État qui est notre chose
à tous et le rebelle qui menace son repos, il y a des juges ;
ces juges ont prononcé ; ils agiront quand viendra l'heure. (Il
se lève. — Air enjoué.) Voilà ce que je voulais vous dire, Marie,
et plus encore ; mais à quoi bon? Toute pensée qui peut as-
sombrir ce charmant visage, n'est-elle pas d'avance malvenue?
N'en parlons plus, où irons-nous chasser demain ?

MARIE, piquée.

Je ne vous comprends pas.

BOTHWELL.

Soyez reine par la grâce, par le sourire, par le pardon ;

c'est une belle royauté, la plus belle de toutes. Cependant
Médicis en France, Elisabeth en Angleterre.

MARIE.

Elisabeth ?

BOTHWELL.

Savez-vous comment l'appellent ses sujets?

MARIE.

Non.

BOTHWELL.

Ils l'appellent non pas la reine, mais le roi d'Angleterre.

MARIE.

Triste privilége!

BOTHWELL.

Triste pour un amant; précieux pour les peuples.

MARIE, après un silence.

Que ferait-elle donc... elle?

BOTHWELL.

Elisabeth? Elle traduit Sophocle et commente Platon, mais
elle est fille de son père.

MARIE.

Henri VIII ! Est-ce là l'exemple que vous me proposez?

BOTHWELL.

Dieu m'en garde! Beaucoup de sang innocent a coulé sous
son règne; mais il a châtié bien des traîtres; il a légué à sa
fille un trône inébranlable, un peuple uni dans une même
foi et dans un même amour, et il a eu pour lui le parlement
d'Angleterre.

MARIE.

Et moi, n'ai-je pas mon parlement?

BOTHWELL.

Déchiré par la discorde, semé d'ennemis de la couronne.

MARIE.

Mais alors, à qui me fier?

BOTHWELL.

A nous; à moi.

MARIE.

Bothwell, ce n'est pas bien, c'est une mauvaise pensée. Vous avez beau m'éblouir, vous étourdir vous-même de vos paroles, au fond de tout cela il y a quelque chose..... Bothwell, je vous ai tout donné; tout ce que je pouvais vous accorder sans offenser Dieu ; un jour viendra, et ce jour est prochain, j'en ai le pressentiment et la confiance, où je pourrai vous donner plus encore ; tout ce que mérite le seul cœur aimant et dévoué que le mien ait rencontré dans le cours des mortelles épreuves qui l'ont accablé; mais point d'impatience, Bothwell, point de violence. Que Dieu frappe le coupable, s'il lui plaît! Dieu seul est infaillible dans ses châtiments. Il ne connaît, lui, ni la colère, ni le doute, ni le remords. — Il est miséricordieux aussi; qu'il le soit un jour pour tous! Darnley est coupable, je le sais, je le vois ; mais ce qui est passé est passé. C'est moi qui ai souffert, et c'est moi qui pardonne.

BOTHWELL, la regarde pendant quelques instants en silence — puis il la prend
par la main et la conduit près d'une fenêtre — froidement.

Vous voyez cette chambre, Marie?

MARIE.

Laissez-moi.

BOTHWELL.

Il y a là des traces de sang qui ne sont pas encore séchées.

MARIE.

Bothwell, taisez-vous.

BOTHWELL.

C'est là que **Rizzio** a été égorgé sous vos yeux ; c'est là
que Darnley l'a arraché de vos mains ; c'est là que Ruthwen,
pâle, livide, pareil à ces spectres qui se lèvent de leur tombe
pour boire le sang des vivants, a dirigé son poignard contre
vous-même, contre ce sein qui portait votre enfant !

MARIE.

Bothwell ! vous ne voulez donc pas que j'oublie !

BOTHWELL.

Oubliez, si vous le pouvez, le dernier cri de votre serviteur
au milieu de ses bourreaux !

MARIE.

Justice ! **justice !** disait-il !

BOTHWELL.

Et vous, accablée, exaltée de honte et d'horreur, vous vous
êtes alors écriée : « Ce sang coûtera cher à quelques-uns
d'entre vous. » Quelques-uns, en effet ! Oui, d'obscurs complices dénoncés par lui-même sont morts sur l'échafaud !
Mais celui qui les avait armés, celui qui, après le meurtre,
a osé proscrire sa souveraine, chasser le parlement, porter
la main sur la couronne.....

MARIE.

Oui, tout cela est vrai ! attentats, calomnies, violences ,
que ne m'a-t-il pas fait souffrir ? N'a-t-il pas publié en tous
lieux que la reine d'Ecosse avait ce pauvre Rizzio, un do-
mestique, pour amant ! N'a-t-il pas renié son fils ? mortelle
injure ! Et où est-il aujourd'hui ?... dans l'abjection , dans
la débauche !... Oui, tout cela est vrai !... mais qu'il meure
de honte, s'il peut en mourir ! je ne le hais plus, je le
méprise !

BOTHWELL.

Je n'ai pas tout dit...

L'HUISSIER, annonçant.

Sir Lethington.

Entre Lethington,

SCÈNE IV

MARIE, BOTHWELL, LETHINGTON.

BOTHWELL.

Sir Lethington, vous êtes ministre de la reine et secrétaire de son conseil; quelles sont les lois contre les traîtres ?

LETHINGTON.

Elles sont sévères, absolues.

BOTHWELL.

Eh bien! écoutez bien ceci: moi, comte de Bothwell, pair
d'Ecosse, j'accuse ici de haute trahison Henri Darnley, comte
de Lennox, coupable de conspirer contre la couronne, contre
la sûreté du prince royal, contre la vie de sa souveraine !

MARIE.

Que dites-vous?

LETHINGTON.

Ce que je viens d'apprendre moi-même et j'accourais pour
en instruire Votre Majesté. Un vaisseau armé a paru à
l'embouchure de la Clyde; des clans se rassemblent autour
de Stirling.

MARIE, se redressant.

C'est la guerre, alors, et j'ai le droit de me défendre.

BOTHWELL.

C'est votre droit, c'est votre devoir; glaive contre glaive !

LETHINGTON.

Et ruse contre ruse.

MARIE.

Parlez, que faut-il faire ?

BOTHWELL

Agir, agir tout de suite. La foudre est suspendue sur nos têtes ; quand éclatera-t-elle ? Sera-ce demain ? Est-ce aujour-d'hui ? Laisserons-nous Darnley choisir son heure ? Il faut à l'instant même et par un coup décisif...

MARIE.

Attendez. Avant de recourir à ces moyens extrêmes, il en est d'autres peut-être et non moins sûrs... Si l'on sommait Darnley de venir à Edimbourg ; si...

LETHINGTON.

Je devine, je comprends la pensée de Votre Majesté ; une mesure violente exécutée au loin par des agents d'un zèle mal éclairé pourrait, le cas échéant, donner une fausse couleur à une œuvre qui n'est qu'une œuvre de justice...

MARIE.

En effet.

BOTHWELL.

Cependant.....

LETHINGTON.

Eh bien, que Darnley soit donc appelé à Edimbourg ; qu'un ordre de Sa Majesté lui enjoigne de s'y présenter sans retard ; s'il résiste, il est rebelle ; s'il vient, il est à nous.

BOTHWELL.

Reine d'Ecosse, faites votre devoir.

L'HUISSIER, entrant.

Un messager du comte d'Angus est là qui demande lord Bothwell.

BOTHWELL.

Faites entrer. (Entre Gordon) — Votre nom?

GORDON.

James Gordon.

BOTHWELL.

Vous appartenez?

GORDON.

Au comte d'Angus.

BOTHWELL.

Qui me l'atteste.

GORDON.

Cet anneau.

BOTHWELL.

Bien. Et que me fait dire le comte?

GORDON.

Trois mots : Il est temps.

BOTHWELL.

Vous venez de Stirling?

GORDON.

J'en arrive.

MARIE.

Que s'y passe-t-il?

GORDON, consultant Bothwell.

Je puis parler?

BOTHWELL.

Oui.

GORDON.

On s'agite, — on conspire, — on s'arme.

MARIE.

Dans quel but ?

GORDON.

La déchéance de la reine, l'enlèvement du prince royal.

MARIE.

Quels aides ? quels subsides ?

GORDON.

Ceux de l'Angleterre.

MARIE.

Ah ! Et cependant Darnley n'est-il pas malade ?

GORDON.

Il l'a été.

MARIE.

Gravement malade?

GORDON.

Empoisonné a-t-il dit.

MARIE.

Empoisonné, par qui ?

GORDON.

Personne ne l'a cru...

MARIE.

Par qui ?

GORDON.

Par la reine.

MARIE.

Sais-tu bien devant qui tu parles?

GORDON.

Je l'ignore.

MARIE.

Devant la reine elle-même.

GORDON.

Madame....

MARIE.

Ce que tu as dit devant une femme inconnue, tu es prêt à
le redire devant la reine?

GORDON.

Je suis prêt à le redire.

MARIE.

Et c'est la vérité, tu le jures?

GORDON, lui montrant des papiers.

J'apporte des preuves.

MARIE.

Qu'est-ce?

GORDON.

Des lettres de Darnley, saisies sur un de ses courriers.

MARIE.

Donne.

Elle prend les papiers d'une main convulsive. Gordon salue et sort.

MARIE, parcourant les lettres, exaltée.

Les preuves..... les preuves..... les voici! écrites de sa
main!.... Injure, bassesse, félonie, tout est là! J'ai assez
pleuré, j'ai assez bu de honte! Malheur à qui tente ma colère!.. Il se précipite vers l'abîme... Eh bien! qu'il y tombe!
ce n'est plus moi qui le retiendrai! Puisque mes fidèles sujets ont pris en main ma cause, qu'ils décident, qu'ils agis-
sent. Faites. Sauvez la reine!

FIN DU PREMIER ACTE

ACTE DEUXIÈME

Une salle dans le prieuré de Kierck-of-Field,
à Edimbourg.|

SCÈNE PREMIÈRE

BOTHWELL, LINDSAY, ARGYLE,
LETHINGTON, BEWIS.

Ils regardent du côté de la fenêtre.

BEWIS.

Voici qu'il débarque, milords; il monte à son appartement,
soutenu par ses domestiques.

ARGYLE.

Faible et lâche comme une femme !

LINDSAY.

Parjure aux siens, traître à sa foi !

Ils reviennent sur le devant de la scène.

ARGYLE, à Bothwell.

Ainsi tout est prêt, dites-vous?

BOTHWELL.

Oui, milords ; ce soir à l'occasion des noces de miss Seyton, il y aura fête à Holyrood, Darnley restera seul ici, et ce sera le moment.

BEWIS.

Et la reine, milord?

BOTHWELL.

La reine, par un dernier scrupule, en est revenue à son idée de sommer Darnley de se rendre à Edimbourg ; contre notre attente il a obéi ; j'ignore sous quelles inspirations. Quoi qu'il en soit, nos devoirs n'en deviennent que plus pressants. — La reine hésite avec ceux qui hésitent, mais elle veut avec ceux qui veulent, et elle approuvera ceux qui osent.

BEWIS, d'un ton flatteur.

Et vous osez, milord!

LINDSAY, appuyé sur une grande épée à deux mains. — Figure sombre et impassible ; les yeux fixés à terre, lentement et marquant les mots.

Que cela soit donc ! Aussi bien l'immolation de ce fourbe sera une pierre d'achoppement et de scandale écartée du passage, un pas de plus dans la voie de la délivrance. Ce que je demande, moi, écoutez-moi bien, et retenez exactement mes paroles ; car, une fois la chose accomplie, il n'en manquera pas qui élèveront la voix pour réclamer témoignage et récompense ; plus d'un viendra récolter là où il n'a point semé ; pour un cadavre seul il s'élèvera des nuées de vautours, et la voix des justes sera peut-être étouffée alors par les croassements des sycophantes. Ce que je demande, c'est qu'on restitue à la religion calviniste, la seule sainte, la seule vraie, l'honneur et les priviléges qui lui conviennent, et que les restes détestés du papisme soient une bonne fois balayés du sol de l'Ecosse. Vous parlez de l'ascendant que vous exercez sur la reine, milord Bothwell. Je vous recommande d'en user à cette fin qu'elle abjure l'idolâtrie, et qu'elle proscrive, sous peine de la vie, la stupide et ridicule superstition des images. Vous aurez soin de lui dire encore que si cette abjuration se fait trop attendre, l'inviolabilité-royale cédera peut-être un jour devant l'inviolabilité de l'Eglise des saints, et que si l'une doit souffrir par l'autre, la cause de la vraie foi aura privilége sur celle du trône. — Nous ne manquerons jamais de princes ici-bas ; nous en trouverons toujours à notre guise ; tandis qu'il n'y a qu'une vérité, une seule religion, un seul Dieu.

BOTHWEL.

Lord Lindsay n'ignore pas mon dévouement pour la cause presbytérienne.

ARGYLE.

Pour moi, milords, je demande que l'on en finisse avec ce système de dépression et d'asservissement qui pèse sur la noblesse. Ce n'est pas ainsi que nos pères ont voulu la royauté ; elle doit régner par nous et non contre nous. Chaque jour nous enlève quelques-uns de nos droits au profit de la couronne ; du train dont vont les choses, avant cinquante ans, il n'y aura plus un baron digne de ce nom sur la terre d'Ecosse, et la grande émulation des nobles sera d'être les baladins et les valets des rois. En attendant que ces temps arrivent, tenons-nous ferme, et gardons intacts nos vieux priviléges. S'il plaît à quelques-uns de prêter leur tête au joug, cela ne plaît pas à tous. Il y a encore, grâce à Dieu, des épées et des lances indépendantes dans ce royaume, et un cri de guerre poussé dans les montagnes trouvera encore de l'écho. Vous êtes des nôtres, milord Bothwell, et vous m'avez compris.

Bothwell incline la tête, en signe d'assentiment.

LINDSAY.

Vous avez raison, milord comte, mais j'en jure par cette épée, ces temps de tribulations et de honte auront leur terme.

2.

Cette épée, milord Bothwell, a été celle d'Archibald, comte
d'Angus ; il la portait les jours où il purgea le palais de Jacques III d'une troupe d'aigrefins et de mignons qu'il fit
pendre ensuite sur le pont de Lauder pour servir d'épou-
vantail aux oiseaux pillards qui seraient tentés de chasser
sur nos terres. Elle ne fera jamais la besogne des intrigants
et des traîtres.

ARGYLE.

Donc, à ce soir.

TOUS.

A ce soir !

Tous s'en vont excepté Bothwell.

SCÈNE II

BOTHWELL seul, puis REDWINE.

BOTHWEL.

Des conditions ! des menaces ! pauvres gens ! Aujourd'hui
leur complice... demain leur maître, leur roi ! Roi ! (Il s'assied
pensif.) Oui, si la même chance me seconde, Jacques Hepburn,
comte de Bothwell, ceindra la couronne de Robert Bruce !
Quelle destinée ! Et cependant je ne dois rien à la fortune ;
elle m'a obéi plutôt qu'elle ne m'a aidé. A d'autres les bas
subterfuges de l'intrigue ; moi, j'ai marché le front haut, la
face découverte ; ferme dans ma volonté, inflexible dans mon
audace ! J'ai voulu être aimé de la reine, et je suis aimé
J'ai voulu être roi... et je serai roi ! Un seul obstacle me sé-
pare du trône... avant quelques heures peut-être cet obstacle
aura disparu !. Disparu ! qu'est-ce, après tout ? Un misérable
qui déshonore la couronne... inepte. incapable de comman-

der ! Suis-je seul à vouloir sa perte? Bien d'autres l'ont dé-
cidée avec moi. La reine flotte d'un expédient à l'autre...
On tremble, on s'inquiète de ce qui est à faire ; on accepte
ce qui est fait. Une chose irrévocable soulage de bien des
scrupules ; on ne la ferait pas soi-même ; accomplie par
d'autres, c'est la fatalité ; et l'on se soumet à la fatalité ! Roi
d'Ecosse ! (Il reste quelques instants absorbé dans ses pensées ; puis il aperçoit
Redwine qui a assisté d'un air narquois à la dernière partie du monologue.) C'est
toi ?

REDWINE.

Pardon, sire... milord, veux-je dire.

BOTHWELL.

Dis-moi... tu as observé Darnley pendant son trajet de
Glascow à Edimbourg?

REDWINE.

Oui, milord.

BOTHWELL.

A-t-il montré quelque méfiance?

REDWINE.

Bien au contraire, il est plein de joie et d'espoir; dans
cet ordre de rappel il entrevoit je ne sais quel retour de
faveur.

BOTHWELL.

Ah !

REDWINE.

Seulement quand nous fûmes à Edimbourg, il demanda
pourquoi on le logeait dans ce vieux prieuré, à côté de cette
vieille église de Field, un vrai nid à hiboux, ma foi! au lieu
de lui faire habiter Holyrood.

BOTHWELL, examinant des papiers.

Et on lui a répondu comme il fallait?

REDWINE.

Oui, milord ; que l'air était ici meilleur pour sa santé ; ce
que l'avenir ne tardera pas à démontrer sans doute. Pauvre
roi ! pâle, exténué, effrayant à voir ! Laissons faire les méde-
cins, milord.

BOTHWELL.

Comment ?

REDWINE.

Jack se portait bien ; il vit un médecin, il fut indisposé ;
il en appela deux, il fut malade ; il en appella trois, Jack
mourut.

BOTHWELL.

Sir Redwine a de l'esprit

REDWINE.

Votre Grâce me flatte.

BOTHWELL.

Je crois même, Dieu me pardonne, que son esprit lui sert
à déguiser quelque petit retour à la vertu.

REDWINE.

La vertu, milord, c'est la réserve des vieux jours ; il n'en
faut pas médire ; c'est le cordial que l'on retire de dessous
les fagots la veille des longs voyages. La vertu ! je suis un
pauvre chrétien, je l'avoue, mais quand par hasard je viens
à la rencontrer, je ne puis m'empêcher de mettre la main au
chapeau.

BOTHWELL.

Et combien sir Redwine a-t-il usé de chapeaux à ce ma-
nége-là ?

REDWINE, saluant.

Pas un, depuis que j'ai l'honneur d'être au service de Votre
Seigneurie.

BOTHWELL.

Tu fais le drôle. Une chose encore ; a-t-il en arrivant ici
reçu quelque marque de sympathie?

REDWINE.

Aucune... je me trompe.... miss Seyton, la mariée du
jour.

BOTHWELL.

Ah! Darnley était, je crois, l'intime ami de son frère. Elle
compte sur une réconciliation... c'est son rêve.

REDWINE.

Sainte candeur! A ses yeux, milord Bothwel n'a jamais été
autre chose que le ministre de confiance de la reine ; quant à
Darnley, il a bien commis quelques erreurs, dont au surplus
elle ne se rend pas exactement compte... mais enfin c'est le
mari, et la bonne règle exige.....

BOTHWELL.

Miss Seyton aura mieux à faire aujourd'hui que de songer
à Darnley. Ces tonneaux de poudre sont prêts?

Il se lève.

REDWINE.

Avant ce soir, ils seront disposés sous l'appartement à
côté. Mais pourquoi ce singulier procédé de se débarrasser
des gens en faisant sauter la maison ?

.   BOTHWELL.

Plus le moyen sera étrange, et moins on soupçonnera
autre chose qu'un accident. En attendant, bois... et tais-toi.

Il lui donne une bourse et sort.

SCÈNE III

REDWINE, seul.

Au prix que vaut en ce moment la tête du roi d'Écosse, milord Bothwell, que vaudra, je vous prie, celle de son successeur?.. Bois et tais-toi... comme on dirait à un valet! Il fut un temps où l'on n'aurait pas parlé ainsi au fils de mon père! Mon père..... raide et cerclé dans son honneur comme dans un corset de fer ; plus fier au fond de son château !.. mais où est mon château d'Ormistone? Les rats et les gens de justice s'y sont mis de compagnie, et la chouette piaille où filait ma mère grand! Ainsi tourne le monde ; les ducats deviennent des sous ; les fils des preux des gueux, et les favoris deviennent rois. Mari de la reine, et puis roi! Mais il est marié... bast! le roi Henri VIII de joyeuse mémoire.... Eh ! mais j'oubliais.... (Il va à une porte de côté.) Holà, vous autres?

SCÈNE IV

REDWINE, SCAPANTI, JACK, GRÉGORACH.

REDWINE, se carrant dans un fauteuil ; air de hauteur.

C'est vous qui m'avez été adressé par sir Hay de Tallo ?

SCAPANTI, accent italien, air souple, insinuant, saluant à chaque parole.

Nous-mêmes, Excellenza.

REDWINE.

Voyons tes hommes, — celui-ci s'appelle ?

SCAPANTI.

Grégorach Mac-Kat, du clan de Mackensie.

REDWINE.

Parent du comte d'Angus, cela va sans dire ?

SCAPANTI.

Oui, milord, arrière-petit-cousin.

REDWINE.

J'en étais sûr, tous ces gredins ont leur généalogie !

SCAPANTI.

Montagnard.

REDWINE.

Avec le grand Archibald pour ancêtre !

SCAPANTI.

Il en descend.

REDWINE.

C'est-à-dire qu'il en dégringole ! Et l'autre ?

SCAPANTI.

Jack Wilkins, du comté de Kent.

REDWINE.

Un Anglais. Sa profession ?

SCAPANTI.

Il a servi sur les vaisseaux de la reine Elisabeth.

REDWINE.

Et qu'est-ce qui lui a fait quitter le service ?

SCAPANTI.

Le mal de mer, signor, faiblesse de constitution.

REDWINE.

Parfait ! Et toi comment t'appelles-tu ?

SCAPANTI.

Nestor Pantaléone Scapanti, pour vous servir.

REDWINE.

Ton métier ?

SCAPANTI.

Impresario et parfumeur, Excellenza.

REDWINE.

Et empoisonneur ?

SCAPANTI.

O Excellenza !.. vous avez beaucoup d'esprit.

REDWINE.

D'où es-tu ?

SCAPANTI.

De Pise, Excellenza.

REDWINE

Et pourquoi l'illustrissime signor Nestor Pantaléone Sacripanti....

SCAPANTI, riant.

Scapanti, milord, Scapanti !

REDWINE.

... Sacripanti, a-t-il quitté Pise ?

SCAPANTI.

Des démêlés....

REDWINE.

Avec qui?

SCAPANTI.

Politiques, milord, politiques.

REDWINE.

Avec qui?

SCAPANTI.

Avec la justice, Excellenza.

REDWINE.

A la bonne heure! Eh bien! Grégorach Mac-Kat, Jack
Wilkins et Pantaléone Sacripanti, — ou Pantaléone Scapanti,
Jack Wilkins et Mac Grégorach, — qu'on vous prenne par
la droite ou qu'on vous prenne par la gauche, savez-vous que
vous avez là tous trois de drôles de figures.

Ils s'inclinent et affectent de rire.

SCAPANTI.

O Excellenza!

REDWINE, riant.

Oui, sur mon âme, vous me mettez en joie. Un furet entre
deux bouledogues!.. Comment diable avec ces figures-là
avez-vous fait pour vivre jusqu'à l'âge où vous êtes?

SCAPANTI, riant.

O Excellenza!

REDWINE.

Or ça, au fait, vous êtes d'honnêtes gens?

SCAPANTI.

Pour ça, milord.

REDWINE.

Parbleu! — Vous êtes discrets et muets?

SCAPANTI.

Muets comme l'enfant à la mamelle.

3

REDWINE.

Vous savez de quoi il s'agit?

SCAPANTI.

Milord Hay de Tallo a daigné nous le confier.

REDWINE.

Il vous a dit aussi que s'il vous échappe une parole, le vent vous fera danser tous les trois comme des feuilles mortes à l'arbre que vous savez.

SCAPANTI.

O Excellenza!

REDWINE.

Et que, si l'affaire réussit, vous toucherez chacun cent bonnes livres.

SCAPANTI.

Nous ne chicanerons pas sur le prix; l'honneur de servir un si galant homme!...

REDWINE.

Pour le moment, voilà ce que vous avez à faire : dans quelques minutes, il viendra un chargement de futailles ; tu n'as pas à te lécher les lèvres, Jack; cela n'est pas ce que tu penses; vous en prendrez trois que l'on vous désignera, et vous les glisserez proprement dans la cave qui est sous l'appartement à côté. — Vous ferez cela délicatement et du bout des doigts, entendez-vous; car ils contiennent une sorte de drogue sèche, noire et inflammable qui à la moindre étincelle vous enverrait tous trois au diable, d'où vous venez. Vous n'avez pas de clous aux semelles?

SCAPANTI, montrant ses bottes.

O Excellenza, je n'ai pas même de semelles.

REDWINE.

Bien. — En attendant, voilà un petit à compte (Il leur donne quelque monnaie.) Allez, buvez et taisez-vous.

Il sortent avec force salutations.

REDWINE, seul.

Je ne suis pas fâché d'avoir déchargé sur ces gredins quelque chose des humiliations que j'ai subies. — Quelle canaille!

Marie entre ; il la salue et sort.

SCÈNE V

MARIE, seule.

Elle s'assied rêveuse.

Il a demandé à me voir. — Que va-t-il me dire? — Qu'importe, aveux ou mensonges, ma conviction sur lui est désormais arrêtée. (Regardant du côté de la fenêtre.) Comme le ciel est noir! De sombres nuages rampent au loin sur les cimes desséchées du Lothian; la désolation plane sur la nature, et moi je suis triste et sombre comme elle! Fatale terre d'Ecosse que j'ai abordée en pleurant! Sol ingrat où les sinistres pensées naissent dans l'âme, comme les ronces et les épines sur les flancs de tes arides montagnes! L'âpre vent qui souffle sur tes bruyères aura bientôt arraché et flétri ce qui me reste de mon printemps! Fontainebleau, Saint-Germain, Chambord, où êtes-vous? Noms chéris! souvenirs éteints! Jeunesse, insouciance, pures amours, tout est brisé; et me voilà sur cette terre lugubre et tourmentée, seule, face à face avec une situation terrible peut-être! Ah!

Catherine entre à gauche en toilette de mariée.

SCÈNE VI

MARIE, CATHERINE.

MARIE.

C'est toi, Catherine ?

CATHERINE, voix émue.

Pendant cette scène elle regarde fréquemment du côté de la porte par où elle vient d'entrer.

Que Votre Majesté me pardonne, mais je me serais fait un reproche de ne pas la voir encore une fois. J'ai voulu qu'avant de la donner pour toujours, cette main pût encore toucher la vôtre ; qu'au moment d'ouvrir mon âme à des félicités nouvelles.....

MARIE, troublée.

Merci, Catherine. (A part.) Quel contraste !

CATHERINE.

Et puis je précède le roi ; il va venir.

MARIE.

Je suis ici pour l'attendre.

CATHERINE.

Ah ! si vous saviez avec quelle joie il se prépare à cette entrevue.

MARIE.

Au revoir, mignonne, sois heureuse.

CATHERINE.

Lui aussi il aime, il veut être aimé ; l'espoir lui a rendu la vie.

MARIE, à part.

Que dit-elle?

CATHERINE.

Il vient. Permettez-moi de souhaiter que ce même jour qui
réalise tous mes vœux.... ne m'en veuillez pas, madame, il
a toujours été bon pour moi, et il a été si malheureux. Le
voici.

Darnley entre à gauche. — Elle va vers lui et le soutient pendant quelques
instants.

MARIE, à part.

Point de faiblesse; place à la reine, à la reine seule.

Catherine sort par le fond.

SCÈNE VII

MARIE, DARNLEY.

Pendant toute cette scène, sauf aux endroits indiqués, Darnley parle avec une
énergie fiévreuse.

DARNLEY, prenant avec transport la main de Marie.

Marie! — Que le ciel soit béni! Je te revois enfin! (Il s'appuie
contre un meuble.) Pardon, tant de bonheur m'accable... J'é-
prouve une félicité, un ravissement que je n'espérais plus.
Merci, oh! merci, de m'avoir permis de te revoir.

MARIE, froidement.

J'ai pensé qu'il était temps de vous rappeler à Edimbourg.

DARNLEY.

Laisse-moi te regarder, Marie. Que tu es belle! Oui toujours belle !.... et gracieuse comme au jour où, pour la première fois, j'ai tenu cette main dans la mienne.

MARIE, à part.

Ce langage!... Allons... Allons...

DARNLEY.

Et dire que c'est toi qui m'as aimé, que c'est moi qui t'ai méconnue. Je suis bien pâle, n'est-ce pas ? bien défait ? La maladie .. le chagrin... Tu m'as su malheureux et tu m'as rappelé. Asseyons-nous ; les forces me manquaient pour cette épreuve ; mais maintenant que tu es là, ta vue me les rendra. (Ils s'asseyent l'un à côté de l'autre. Et ton fils, notre enfant?...

MARIE, froidement.

Il va bien.

DARNLEY.

Dieu soit béni ! Je le reverrai ?

MARIE, embarrassée.

Sans doute.

DARNLEY.

Aujourd'hui même, n'est-ce pas ?

MARIE.

Peut-être...

DARNLEY.

C'est mon fils, Marie, c'est le nôtre ; il me serait doux de le voir entre nous deux.

MARIE, voulant se lever.

Vous le reverrez ; je vais même donner à l'instant des ordres...

DARNLEY.

Non, reste ; encore un instant pour moi, pour moi seul.

Ton amour, je n'en suis plus digne, mais ta pitié, Marie, ah! je l'ai payée de mes larmes, de mes remords, de ma honte! Parle; je l'achèterai encore au prix de toutes les expiations!

MARIE, à part.

Hypocrisie!

DARNLEY, s'exaltant.

Ordonne; je souscris à tout; laisse-moi vivre ici, obscur, méprisé, sans couronne, qu'importe, mais près de toi, Marie, près de toi !

MARIE.

Milord Darnley...

DARNLEY.

Là-bas, seul, abandonné, épuisé de corps, l'âme navrée, de sinistres nuages ont passé devant mes yeux. J'ai maudit, j'ai exécré ton souvenir, mais plus je te maudissais, plus je sentais que je t'aimais. Je savais bien que je n'avais qu'à te voir et que toutes ces pensées funestes, œuvre des mauvais jours, se dissiperaient devant un rayon de tes yeux. Je t'aime, Marie, je t'aime !

MARIE, avec hauteur.

Milord Darnley, si j'ai consenti à cette entrevue...

DARNLEY.

Ce langage t'étonne, n'est ce pas ? Moi te parler ainsi ! moi qui t'ai calomniée par d'insultantes jalousies ; moi qu'un délire de méchanceté et d'orgueil a poussé jusqu'à la révolte, jusqu'au sang!.. moi qui, hier encore, parlais.., que sais je ! de quitter l'Ecosse, de demander justice sur le continent contre un délaissement dont seul j'étais cause.

MARIE.

Il est donc vrai ? Ces projets...

DARNLEY.

Oui, tout cela est vrai, ou plutôt non. Mauvais rêves ! folies!
projets plus fous encore que méchants ! Mais tu es triste,
Marie, pourquoi ton regard fuit-il le mien?

MARIE.

Je vous écoute, Henri.

DARNLEY, regardant autour de lui.

Oui, tu es triste. Ce lieu est triste aussi, il est sombre, il
est glacial. Pourquoi suis-je ici et non à Holyrood ? Quand
je suis entré par cette porte, je ne sais quelle impression pé-
nible, quel pressentiment...

MARIE.

Que voulez-vous dire?

DARNLEY, avec chaleur.

Rien ; je suis heureux... je suis près de toi... qu'ai-je à
redouter? Ta main est dans la mienne, qui donc pourrait
me nuire? J'ai confessé mes fautes ; un poids immense soulage ma poitrine; je revis, je renais, je me sens assez fort
contre la haine de tous! un doux espoir envahit mon cœur
et le possède tout entier; l'espoir du pardon. (On entend au dehors le son des cloches et de l'orgue.) Qu'est-ce ceci!

MARIE.

C'est le mariage de Catherine Seyton et de Roland qui se
célèbre dans l'église de Field.

DARNLEY.

C'est vrai... j'oubliais. Catherine! noble fille! (Attendri.) Ils se
marient... Ils sont jeunes... ils s'aiment ! Célestes accords !
Douces prières! Marie, te rappelles-tu? Ce souvenir n'est pas
loin de nous ! Heureux instants! Te souviens-tu de nos fian-
çailles, Marie ?

MARIE.

Laissons là ces souvenirs.

DARNLEY.

Te rappelles-tu cette belle et fraîche matinée où nous étant échappés ensemble sans rien dire, nous parcourûmes au galop de nos chevaux, prairies, forêts, bruyères, la main dans la main, les yeux dans les yeux. Suaves émotions ! douce journée! Ah ! Si j'avais voulu ! Tu m'aimais tant, et j'ai été si ingrat !

MARIE, troublée.

Henri, vous vous faites mal... laissez-moi partir.

Elle se lève.

DARNLEY, la retenant.

Pourquoi me fuir? Où vas-tu ?

MARIE.

A ce mariage, j'ai promis à Catherine...

DARNLEY.

Reste, je t'en supplie.

MARIE, se dégageant.

Non, non, il le faut.......

DARNLEY, lui reprenant la main.

Par pitié, reste! Rassieds-toi auprès de moi.

MARIE, à part, se rasseyant.

O mon Dieu !

DARNLEY.

Si je ne mérite plus que tu m'aimes, ne me défends pas de t'aimer ! Oh ! oui, tu peux pardonner, je ne suis plus le même, vois-tu ! Arrière, rêves insensés, esprit d'ambition et de révolte ! souvenirs d'abjection et de bassesse, arrière !

3.

Oui, aujourd'hui mon âme se relève de sa honte et s'épure au contact de la tienne ; du fond de l'abîme j'entrevois ton visage et je m'écrie vers toi comme vers Dieu : Pardonne-moi, sauve-moi, aime-moi! Hier je voulais mourir, mais aujourd'hui je veux vivre. Oh ! vivre ! vivre !

MARIE, se troublant de plus en plus.

Soyez calme, Henri!

DARNLEY, tout à coup triste, amer.

Vivre !... dérision, amère folie! Oui, cette fièvre, qui empourpre mes joues et fouette mon sang comme un vent d'orage, me laissera tout à l'heure pâle, exténué, brisé. Vivre! malheureux, regarde-toi et apprends à espérer. Des membres alanguis, d'effrayants sourires sur un visage livide, une voix éteinte, des lèvres décolorées balbutiant des serments d'éternel amour, quand l'éternité est là qui me réclame !

MARIE.

Ne dites pas cela ! ne dites pas cela !

DARNLEY.

Oui, tout m'appelle à la vie, et quand je veux prendre mon élan, une main glacée m'étreint et me fixe immobile à la place où je dois tomber !

MARIE.

Par grâce ! ne parlez pas ainsi ! espérez..... (Se retenant, à part.) Qu'ai-je dit ?

DARNLEY.

Ah ! ce jour n'est qu'une trompeuse aurore, un éclair dans les ténèbres du néant ! J'ai trop appelé la mort, elle a écouté ma voix ; c'est fini! c'est fini !

MARIE.

Henri, je vous en supplie...

DARNLEV.

Non, il est trop tard ; le ciel est juste, tu seras vengée ! J'ai
trop longtemps respiré un air qui n'est pas le mien. Qu'on
me rende mon air natal ! l'air qui soufflait à travers les ar-
bres du château de mon père, le soleil qui a réjoui mon enfance. Oui, il me semble qu'en posant le pied sur la terre qui
m'a nourri, j'y reprendrai une sève nouvelle !

MARIE, à part.

Si pourtant il était sincère, si....

DARNLEY.

O mon vieux domaine de Lennox ! Tours élancées, om-
brages séculaires ! Temps d'insouciance et d'illusions ! C'est
là qu'ivre de jeunesse et d'indépendance, j'ai goûté de douces
et pures joies ; celles que la nature donne à ceux qui la ché-
rissent ! C'est là que je t'aimerais, Marie ! c'est là que nous
nous aimerions ! Viens avec moi ; quelque chose me dit que
j'y retrouverai la vie ! Viens, il n'y aura là ni reine ni roi
d'Ecosse, il y aura Darnley et lady Marie, un époux et sa
femme, un père et une mère ! La liberté, l'amour, la paix et
la gaieté du foyer !

MARIE, à part.

Seigneur, que je souffre !

DARNLEY.

Oh ! viens ! Rêve de malade ! Qu'importe ! tu y verras ma
mère...

MARIE, à part.

Sa mère !

DARNLEY.

Tu sais combien elle t'aime ! nous prendrons avec nous
notre enfant. Il y a si longtemps que nous ne l'avons em-
brassé ensemble !

MARIE, se débattant.

Henri !

DARNLEY.

Tu viendras, n'est-ce pas !

MARIE.

O mon Dieu !

DARNLEY.

Oh ! tu consens ; je le vois ; tu es émue ; merci, ma bien aimée, merci. Jours de bonheur et d'ivresse, vous allez renaître. — Nous partirons demain, n'est-ce pas ? Dès demain... je ris, je pleure à la fois... laisse-moi tomber à tes genoux.: laisse-moi...

Il s'arrête comme suffoqué et chancelle.

MARIE.

Qu'as-tu donc ?

DARNLEY.

Rien... le bonheur.... la joie.... Marie !...

Il tombe sur un fauteuil et s'évanouit.

MARIE.

Ciel ! (Bouleversée et lui prenant les mains.) Henri ! Henri ! (Le bruit des cloches et de l'orgue se fait de nouveau entendre du dehors ; elle se met à genoux du côté de la fenêtre.) Seigneur ! Seigneur ! protégez-le ; sauvez-moi. (Revenant à Darnley.) Du secours !... Il semble revivre.... Dieu soit loué ! Henri, je te pardonne, Henri, je.....

DARNLEY, dans un rêve.

Enfin !.. enfin !... à moi, mes amis, venez tous...

Sa main se porte sur un poignard caché sous son habit.

MARIE, reculant.

Cet air de défi et d'orgueil.... le même que je lui ai vu

autrefois... quel est donc le secret de sa pensée? Pourquoi le fantôme du passé vient-il se dresser devant moi?... Cette crise peut être la dernière.... si... (Révoltée contre elle-même.) Oh! oh!

PARNLEY, se réveillant.

Marie!

Marie veut s'élancer vers lui, puis elle se retient et sort à reculons.

FIN DU DEUXIÈME ACTE

ACTE TROISIÉME

Une salle à Holyrood.

SCÈNE PREMIÈRE

DIFFÉRENTS GROUPES s'entretiennent avec animation et à voix basse ; LETHINGTON est assis seul à droite à côté d'une table sur laquelle il a déposé son portefeuille ; SIR BEWIS, très-affairé, s'approche de lui.

SIR BEWIS.

Eh bien ! sir Lethington, savez-vous quelque chose du résultat de cette entrevue ?

LETHINGTON, calme et souriant.

Rien de certain, sir Bewis.

BEWIS.

Darnley est encore au prieuré, mais on dit que d'un instant à l'autre...

Mouvement de la foule vers les fenêtres.

LETHINGTON.

Qu'est-ce cela ?

BEWIS, regarde et revient.

C'est milord Bothwell qui entre dans la cour du Palais.

LETHINGTON.

Quelle figure ?

BEWIS.

Soucieuse. A quoi s'en tenir? De quel côté se porter?

LETHINGTON.

Je parie encore pour Bothwell. Avec ses airs de paladin féru d'amour, ce n'est pas de l'influence qu'il exerce sur le cœur de la reine; c'est de la fascination, c'est de la magie. Il n'est qu'un soupirant, mais, vrai Dieu! il a autant d'empire que si sa bonne fortune était encore plus grande. Quant à Darnley, pauvre Sire! et quoiqu'il lui arrive, il ne mérite pas longue condoléance. Il en a tant fait que sans la reine il y a longtemps..... Que voulez-vous? telles sont les mœurs du pays; nous n'avons pas à les contrarier. Au reste, patience et sang-froid, sir Bewis; tant que les éléments sont en lutte, il est prudent de se tenir à l'écart, mais un beau jour la débâcle arrive, et le courant se forme; c'est alors le cas de lancer sa barque et de la mettre au fil de l'eau. C'est un bon conseil que je vous donne, sir Bewis, tâchez d'en faire profit. Et puis tôt ou tard la sottise des hommes vient échouer sur un point que l'on peut marquer d'avance; c'est aux sages et aux habiles à attendre pour recueillir les épaves. Point d'indignation, point d'enthousiasme, point de vains scrupules; laissons les grands sentiments, les grands coups et les grandes paroles aux grands enfants, aux batailleurs, aux enthousiastes et aux fanatiques. La force et l'orgueil font plus de tapage que de besogne. Avec ce levier imperceptible qu'on appelle intelligence et que d'autres nomment intrigues, nous pouvons faire mouvoir à notre gré la gigantesque machine des passions humaines. En attendant, nous autres gens de plume et de portefeuille, demeurons à l'abri, jugeons des coups, et prononçons-nous pour les vainqueurs... sauf à les vaincre à notre tour et à notre manière.

BEWIS.

Je vous remercie, sir Lethington. Pourtant... mais voici quelqu'un qui pourrait nous renseigner sur la situation...

UN HUISSIER, annonçant à droite.

La reine.

Marie entre avec Anna ; elle est pâle, sombre et concentrée.

SCÈNE II

LES PRÉCÉDENTS, MARIE, ANNA.

CATHERINE, s'approche vivement de la reine et lui présente son bouquet.

De la part du roi ; des fleurs cueillies de sa main.

MARIE, fortement saisie.

C'est bien... Catherine... Merci...

Elle prend le bouquet et le dépose sur la table ; mouvement dans la foule.

BEWIS, bas à Lethington.

Eh ! bien, vous voyez.

MARIE, congédiant du geste.

Messieurs, Dieu vous garde ; je ne donne pas audience aujourd'hui.

Tous sortent, à l'exception de Lethington et d'Anna. Marie s'assied près d'une
table la tête dans la main.

C'est vous, sir Lethington, que voulez-vous ?

LETHINGTON, étudiant le visage de Marie.

J'ai l'honneur de soumettre à Votre Majesté quelques lettres et ordonnances à signer.

MARIE.

Pas maintenant, je ne puis.

LETHINGTON.

Votre Majesté semble souffrir.

MARIE.

Un peu de malaise ; ce n'est rien. Laissez là ces papiers, je les verrai à loisir.

LETHINGTON, insistance curieuse.

Votre Majesté me permet de me retirer ?

MARIE.

Oui.

LETHINGTON.

Elle n'a rien à me commander ?

MARIE.

Rien.

ANNA.

Sa Majesté vous a dit « rien. »

Lethington salue et sort.

SCÈNE III

MARIE, assise près d'une table ; ANNA, travaillant à côté d'elle.

Dans cette scène, Marie parle tantôt avec abattement, tantôt avec agitation.

MARIE.

Nourrice !

ANNA.

Qu'avez-vous ? des larmes ?

MARIE, avec explosion.

Je voudrais être morte !

ANNA.

Morte !... quand vous êtes jeune, belle et reine ! quand vous pouvez être si heureuse !

MARIE, avec un sourire amer.

Heureuse !

ANNA.

Le bonheur est dans la volonté de chacun, madame ; Dieu l'accorde à ceux qui font le bien.

MARIE.

Tu crois ?

ANNA.

Je le crois.

MARIE.

As-tu eu des chagrins, Anna ?

ANNA.

Je n'en ai eu qu'un, mais il a été immense ; c'est d'avoir perdu mon mari.

MARIE.

Il t'aimait bien ?

ANNA.

Pendant vingt-cinq ans nous n'avons été qu'une seule âme et une seule volonté, et je souhaite que nous soyons un jour réunis là-haut comme nous l'avons été ici-bas.

MARIE, se lève et marche avec agitation. — A elle-même.

Oh ! ce doute ! ce doute !... (A Anna, lui prenant la main affectueusement.) Excuse-moi, Anna, mais je ne suis pas maîtresse de moi. De tristes pensées m'assiégent. Ah ! au lieu d'être née sur le trône d'Ecosse, que n'ai-je vu le jour dans ta pauvre chaumière ! que n'ai-je pris avec ton lait la fraîcheur et la santé de l'âme en même temps que la santé du corps ! (Elle se rassied. — Pause.) Je voudrais bien retourner en France !

ANNA.

Vous abdiqueriez la couronne d'Ecosse ?

MARIE.

J'abdiquerais le chagrin de ma vie! — Oh! la France! la
France!

Elle reste silencieuse pendant quelques instants.

ANNA.

Désirez-vous que je vous apporte le jeune prince votre
fils?

MARIE.

Non, Anna, non.

ANNA.

C'est la première fois que vous refusez de le voir.

MARIE.

Plus tard ; tu me l'amèneras plus tard. (Lentement.) Pauvre
enfant! Dieu le protége!... Qu'il ignore à jamais les larmes
qui ont coulé sur son berceau! Que son cœur soit préservé
à jamais..... (Elle porte machinalement la main sur le bouquet apporté par
Catherine et qui se trouve sur la table près de laquelle elle est assise ; à elle-
même.) Ce parfum est singulier..... des fleurs cueillies de sa
main! Une heure avant le meurtre de Rizzio c'étaient les mê-
mes témoignages d'amour. On peut mêler aux fleurs des
poisons subtils... (Irritée contre elle-même.) Ah!

ANNA.

Madame, qu'avez-vous? jamais je ne vous ai vue ainsi.

MARIE.

Ce que j'ai? (Elle lui prend la main avec émotion.) Tu n'a pas eu à
te plaindre de moi, n'est-ce pas?

ANNA.

Moi!

MARIE.

M'as-tu vue dure, injuste, cruelle ?

ANNA.

Ah ! madame.

MARIE, s'exaltant.

Parle-moi franchement ; suis-je bonne, ou ai-je des instincts pervers ? Tu dois me connaître, toi qui m'as nourrie de ton sein. Dis-moi, nourrice, suis-je faite pour le mal ou pour le bien ; pour la sympathie ou pour la haine ? Et lorsque je dis que telle chose est bonne et telle autre mauvaise, est-il bien sûr que je ne me trompe pas ? Mon esprit est-il assez droit, assez ferme pour ne pas s'égarer ?

ANNA, troublée.

Comment pouvez-vous me demander ?...

MARIE.

Je t'effraie, n'est-ce pas ? C'est qu'il y a des moments, vois-tu, où je doute de moi et de tout ce qui m'entoure ; des moments où, lorsque je jette un regard dans les profondeurs de mon âme, je frissonne comme si je pénétrais dans la région glaciale des ténèbres. Je frémis devant ce chaos de pensées contraires, de passions ennemies qui s'agitent, se croisent, et se livrent un combat sans relâche ! Où est la sincérité ? où est le mensonge ? Ah ! je voudrais être morte, te dis-je, morte ! (Elle se lève avec agitation.) Appelle miss Wilson, — qu'elle me chante une ballade française ; — non, arrête... je ne veux pas rester seule. Voyons ces lettres. (Elle prend d'une main convulsive les papiers laissés par Lethington — Lisant :) « Protestation de fidèles sujets de la reine contre le retour de Darnley. » (Elle jette le papier et en prend un autre — Lisant :) « Madame, je vous écris pour la troisième et dernière fois ; » — signé, « Jeanne, comtesse de Bothwell. » (Elle chiffonne la lettre et la jette par terre avec colère.) Encore cette femme ! Elle ne pleure plus ; elle me défie ! Il ne se passera donc pas un seul jour, un seul, qui ne m'apporte son tribut d'injures et de menaces ! quel règne ! quelle vie !

Le laird de Buccleugh entre ; Anna sort.

SCÈNE IV

MARIE, LE LAIRD DE BUCCLEUGH.

MARIE.

Qui donc entre ici, malgré ma défense? Le laird de Buc-
cleugh! (Elle court à lui et lui saisit la main avec affection, puis, gênée par
son regard, elle s'exprime avec réserve) Soyez le bien venu, sir Buccleugh; voici longtemps que nous n'avons eu la bonne fortune de vous voir à la cour. Vous savez, cependant, que vous
êtes de ceux qn'on y salue avec joie.

BUCCLEUGH.

Que Votre Majesté me pardonne; j'ai peut-être troublé le
cours de ses réflexions.

MARIE.

Je vous remercie au contraire d'être venu.

BUCCLEUGH.

Vous semblez émue, madame!

MARIE.

Non.

BUCCLEUGH, lui prenant la main... Intonation triste mais ferme.

Marie .. permettez-moi de vous appeler de ce nom; c'est
ainsi que je vous appelais enfant. Parfois aussi vous avez
daigné me dire « mon père. » Prenez cette main; votre mère
l'a pressée sur son lit d'agonie. Lorsqu'elle se sentit près de
mourir, elle assembla autour d'elle les principaux de la noblesse d'Ecosse et leur recommanda avec des larmes de
sauvegarder toujours l'indépendance du pays et de servir
fidèlement sa fille. Je fus de ceux qui reçurent alors les
embrassements de la reine mourante.

MARIE.

Je le sais, sir Buccleugh, beaucoup jurèrent alors une fidélité éternelle; seul peut-être vous n'avez rien oublié.

BUCCLEUGH.

Je viens aujourd'hui tenir ma parole. Un grand danger vous menace, Marie.

MARIE.

Un danger ! Et lequel ?

BUCCLEUGH.

Ce n'est point votre vie qu'il menace, Marie, mais peut-être....

MARIE.

Peut-être ?

BUCCLEUGH.

Votre bonneur.

MARIE, avec hauteur.

Pardon, sir Buccleugh, mais je ne vous comprends pas.

BUCCLEUGH.

Descendez en vous-même, Marie, interrogez-vous sur le sens des paroles que je prononce ; demandez-vous si les soucis qui vous agitent et dont vous portez le triste reflet sur votre visage proviennent d'une source dont vous puissiez faire l'aveu.

MARIE.

Je n'ai rien à me reprocher.

BUCCLEUGH.

La voix de la conscience disparaît quelquefois sous le bruit de la vie ; aujourd'hui tout est jeunesse, tumulte et joie ; demain la solitude, la déception, le remords peut-être !

MARIE.

Sir Buccleugh, je n'ai jamais repoussé u . bon conseil, quel
que fût la rudesse de sa forme ; mais, prenez garde, ces avertissements à mots couverts prennent le caractère d'un
soupçon qui peut froisser. Suis-je devant un juge, ou devant
un sujet qui vient m'apporter l'hommage de son dévouement
et de sa loyauté? Quel compte me demandez-vous?

BUCCLEUGH.

Aucun

MARIE.

Si c'est mon honneur de femme qui cause vos soucis, ras-
surez-vous, sir Buccleugh, cet honneur est au-dessus des
calomnies qui cherchent à l'atteindre. Quant au soin de ma
couronne, il m'appartient, à moi seule d'en répondre. Les devoirs qu'il m'impose sont pénibles souvent; ils sont sacrés et
je saurai les remplir.

BUCCLEUGH.

Les rois sont libres ; pourtant j'en ai connu dont la seule
devise était : droiture et courage. Ils estimaient, ceux-là,
qu'il vaut mieux perdre une couronne les armes à la main,
que de la conserver sans dignité, au prix de bas expédients
et de perfides surprises.

MARIE.

Sir Buccleugh !.

BUCCLEUGH.

Tel fut le sort de Jacques IV, votre aïeul, qui mourut à
Flowden avec dix mille des siens. Ainsi pensait Jacques V,
votre père, qui ne supporta pas l'humiliation d'une défaite,
et mourut de honte en apprenant la lâche défection de son
armée. Telle est la destinée que je souhaite à Marie Stuart,
si jamais, ce qu'à Dieu ne plaise! elle devait choisir un jour
entre la conservation de son trône et l'honneur de sa mémoire.

MARIE.

Si le laird de Buccleugh est venu pour nous faire un cours d'histoire d'Ecosse, c'était peine inutile; nous en avons tous les détails présents à la mémoire; nous en avons retenu notamment des avertissements salutaires pour les princes que leur mauvaise fortune a placés à la tête d'Etats déchirés par les troubles et minés par les trahisons.

BUCCLEUGH.

Elle contient aussi des leçons sévères pour les rois qui placent leur confiance dans d'indignes conseillers et prodiguent leur affection à des favoris sans vergogne.

MARIE.

Sir Buccleugh, vous vous oubliez!

BUCCLEUGH.

J'ai oublié le langage que l'on parle ici ; je parle celui du devoir, et cela me suffit ; l'indépendance et la vérité ne sont pas filles de cour, je ne sais pas les accommoder à la mode du temps.

MARIE.

Encore une fois......

BUCCLEUGH.

Je me retire. (Il fait quelque pas vers le fond, puis se retourne — avec émotion.) Marie!....

MARIE, émue.

Mon père!... mais enfin?...

BUCCLEUGH, avec chaleur.

Ce que je voulais vous dire, vous ne le savez donc pas ? c'est que de sinistres projets se forment sous vos yeux. Ce que je voulais vous dire, c'est que des poignards s'aiguisent dans votre propre palais, et que l'on y parle de tuer le roi d'Ecosse.

4

MARIE

Mais sur quels indices?...

BUCCLEUGH.

Est-ce donc si difficile à deviner, quand ceux qui conspirent n'ont plus même la pudeur de dissimuler, et qu'ils associent hautement votre nom à leurs atroces projets?

MARIE.

Mon nom?..

BUCCLEUGH.

Oui; je suis accouru ici pour vous venger d'une calomnie. Etrange illusion d'un vieillard qui apportait dans un monde corrompu les susceptibilités d'un autre âge! Pardonnez-moi, Marie; mais en entendant ce que l'on murmurait autour de moi, je me suis demandé avec angoisse, avec honte, si celle que j'aspirais à défendre d'une offense voulait en être défendue....

MARIE.

Sir Buccleugh!

BUCCLEUGH.

.... et si ce n'était pas contrarier de secrets desseins et s'exposer à être traité de rebelle....

MARIE.

Sir Buccleugh !

BUCCLEUGH.

Ah ! par pitié ! Marie, par pitié, dites que cela n'est pas vrai? (Marie baisse la tête.) Vous avez vu le roi?

MARIE.

Je l'ai vu.

BUCCLEUGH.

Avec quelles pensées?

MARIE.

Qu'importe !

BUCCLEUGH.

Marie, regardez-moi.

MARIE.

Mais enfin, s'il trahit, s'il conspire ?

BUCCLEUGH.

Je n'ai point à le défendre, mais est-ce bien à des juges
que vous l'avez livré ? N'est-ce pas à des ennemis ?

MARIE.

La fatalité m'enchaîne.

BUCCLEUGH.

La fatalité ! je ne connais pas ce mot-là. Croyez-vous que
Dieu l'accepte ? Je n'en connais qu'un qui convienne à une
chrétienne, et encore plus à une reine, ce mot, c'est volonté.

MARIE.

Vous avez raison, sir Buccleugh, vous avez raison. Cet abîme
vers lequel je me laissais entraîner, je le vois dans toute son
horreur !... Œuvre de sang et de mensonge !... Que ne
m'ont-ils pas dit ! que cela importait au salut du royaume,
à l'honneur du trône ; que sa vie était un danger, une menace!... mais cela n'est pas vrai ; oh ! non, cela n'est pas
vrai !

BUCCLEUGH.

Oui, ils mentent ! ils mentent. Rejetez ces horribles conseils ; chassez les lâches qui vous les inspirent ; ou si la prière
d'un vieillard ne peut plus rien sur vous ; Marie, recueillez-
vous dans le souvenir de votre mère ; allez au berceau de
votre fils, recevez ses baisers et dites-vous, en le regardant:
« je veux tuer son père » ! Si, après cela, vous pouvez soute-

nir son regard, allez, frappez vous-même; vous serez assez
forte pour le crime !

MARIE, fortement émue, mais d'une voix ferme.

Sir Buccleugh, vous m'avez fait entendre un langage au-
quel je n'étais plus accoutumée. J'ai connu la voix de la
flatterie et celle de l'insulte ; c'est la première fois depuis
longtemps que j'entends parler la voix de l'honneur C'est
la seule désormais dont je suivrai les avis. — Merci, sir
Buccleugh, merci!

Buccleugh baise la main qu'elle lui tend.

SCÈNE V

MARIE, BUCCLEUGH, BOTHWELL.

BOTHWELL avec ironie.

Que Votre Majesté veuille bien m'excuser d'avoir troublé
un entretien... si j'avais su ?.. Eh ! mais c'est le laird de
Buccleugh lui-même ! Il me semblait bien que je respirais
comme une senteur des montagnes. Dieu me pardonne, sir
Buccleugh, mais voilà bien dix ans que je vous croyais dans
l'autre monde.

BUCCLEUGH.

Si Dieu a daigné me conserver jusqu'à ce jour, peut-être
a-t-il pensé que j'avais un devoir à remplir ici-bas, et ce
devoir, milord Botwell, je le remplirai jusqu'au bout.

BOTHWELL.

Personne n'ignore, sir Buccleugh, la haute antiquité de
votre dévouement à la couronne; et si j'en juge par l'âge de
cette longue et terrible épée, elle doit remonter au moins au
temps...

BUCCLEUGH.

Au temps où les jeune gens honoraient les vieillards, et où un sujet n'affectait d'autre attitude devant son souverain que celle de la soumission et du respect.

BOTHWELL.

Vive Dieu ! Sir Buccleugh...

MARIE avec autorité.

Milord Botwell, je vous ordonne de ne pas aller plus loin.

Buccleugh salue et sort.

SCÈNE VI

MARIE, BOTHWELL.

Silence pendant quelques instants.

BOTHWELL, à lui-même.

Elle m'échappe! ce sera maintenant ou jamais! (Haut, — ironie froide). Votre Majesté daignera-t-elle m'expliquer ?..

MARIE, avec hauteur.

Rien ; vous avez conscience, je suppose, que vous venez de manquer à un vieillard et à moi-même.

BOTHWELL.

J'étais loin de penser que le laird de Buccleugh vous tînt tellement à cœur qu'il pût me donner impunément des leçons en votre présence... et la prochaine fois que j'aurai l'honneur de le rencontrer, je lui demanderai comment il lui plaît que je vous adresse la parole.

MARIE.

Prenez garde ! de l'ironie !

4.

BOTHWELL.

Qu'il n'en soit plus question. (Il se promène pendant quelque temps en silence.) Puis-je me hasarder à vous demander, madame, si vous avez vu Darnley ?

MARIE, d'un ton froid et ferme.

J'ai vu le roi.

BOTHWELL.

Le roi ?

MARIE.

Le roi.

BOTHWELL.

Va pour le roi ! Sa Majesté Darnley ! La destinée des princes est changeante ! Tel se couche sans bonneur, qui se réveille un peu surpris, le diadème au front et le sceptre à la main ! Apparemment que le laird de Buccleugh…

MARIE.

Le laird de Buccleugh a fait son devoir de loyal sujet.

BOTHWELL, à mi-voix comme à lui-même.

« Souvent femme varie,
« Bien fol est qui s'y fie. »

Le roi François Ier…

MARIE.

Assez, milord Bothwell ! j'ai supporté jusqu'ici l'outrage de vos mauvais conseils ; je ne tolérerai pas celui de vos railleries. L'ironie se conçoit entre égaux et non d'un sujet à une reine. C'est la reine qui parle, entendez-vous, et votre langage m'offense.

BOTHWELL.

Bien !

MARIE.

Vous voulez une explication ; je vous la donne, mais je ne
vous la dois pas. Cette explication, la voici : j'ai vu Darnley ;
il m'a fait l'aveu de ses fautes ; je lui ai pardonné.

BOTHWELL.

Ah !

MARIE.

Donc, qu'il ne soit plus question de rien ; de rien, entendez-vous ? Si vous désirez plus, je vous dirai que l'on m'a
fait jouer ici un rôle qui ne me convient pas, un rôle dont je
rougis !

BOTHWELL.

J'entends ; hier, le vent soufflait de l'Est ; aujourd'hui, il
vient du Sud ; hier, c'était oui, aujourd'hui non.

MARIE.

Hier !... ah ! ne me rappelez pas ce que c'était hier ! Pour
vous et pour moi, cela vaudra mieux !

BOTHWELL.

Donc, ces projets ?...

MARIE.

Ces projets sont mauvais ; moi vivante, ils ne seront pas
exécutés.

BOTHWELL.

Et cependant cela doit être.

MARIE.

Et je vous dis, moi, que cela ne sera pas.

BOTHWELL.

Alors, Dieu sauve la reine !

MARIE.

Qu'il la sauve, ou qu'il permette sa chute, Dieu ne la
condamnera pas.

BOTHWELL, marquant ses paroles et la dominant du regard.

Votre Majesté a réfléchi? Elle est sûre, bien sûre de ne jamais éprouver ni déception ni regrets?

MARIE.

Mon cœur a parlé, mon cœur ne se trompe pas.

BOTHWELL.

Votre cœur? Ce cœur se trompait-il, madame, alors qu'il accueillait les vœux de celui qu'il repousse aujourd'hui?

MARIE.

Oui, il vous a aimé! si c'est là ce que vous voulez me rappeler, faites; je le subirai sans en être blessée. Oui, répétez-moi souvent qu'un jour Marie Stuart s'est oubliée jusqu'à prêter l'oreille aux paroles d'amour d'un de ses sujets ; jouissez noblement de ce triomphe; mais rappelez-vous aussi que le jour où cet homme, spéculant sur cette affection pour assouvir ses vues ambitieuses, a osé l'associer à ses lâchetés, elle l'a repoussé avec dédain et chassé honteusement de son cœur. (A part.) Ah! je souffre cruellement!

BOTHWELL.

Alors, il reste à Votre Majesté une chose à faire.

MARIE.

Laquelle?

BOTHWELL, emportement contenu.

Puisqu'il y a ici un criminel, un misérable dont la présence seule est un outrage, appelez, faites-le saisir.

MARIE.

Je ne me venge pas, je pardonne.

BOTHWELL, irritation croissante, contenue avec effort.

Un pardon!... l'ai-je demandé? non pas! Pourquoi ces malédictions stériles? Pourquoi ce tonnerre sans foudre? Est-

ce-là tout ce qu'il faut à la haute faveur du laird de Buccleugh
et à la réhabilitation du roi d'Écosse! C'est votre dernière parole ?

MARIE.

La dernière.

BOTHWELL, éclatant.

Alors, je vous le répète, dénoncez-moi au roi !

Il la prend par le bras.

MARIE.

Bothwell !... vous osez?. .

BOTHWELL.

A mon tour maintenant! vous m'avez relégué tout à l'heure
au dernier rang des misérables; jamais, non jamais le comte
de Bothwell n'aurait souffert d'une autre bouche le moindre
des termes de mépris dont vous l'avez si largement accablé;
et s'il se fût trouvé ici un homme qui eût seulement eu l'air
de ne point désapprouver vos paroles, oui, je jure Dieu que
cette épée ne serait pas restée au fourreau.

MARIE, effrayée.

Bothwell !...

BOTHWELL.

Je ne suis pas un valet de cour, moi; on ne me renvoie
pas : je me retire. Quoi! je joue ma tête dans une entreprise
suprême! A vous le profit; à moi le danger! Je reçois votre
parole, votre parole de reine! Dérision et folie! Et parce
qu'un laird de Buccleugh est venu, qui a fait sonner à vos
oreilles quelques crudités montagnardes dont la rudesse vous
a semblé de la franchise; parce qu'un époux lâche et vicieux,
exténué par la débauche, a retrouvé pour la circonstance
quelques vieux mots d'amour et de regrets, vous désavouez
avec éclat l'œuvre de la veille et vous volez impudemment

dans les bras de celui dont vous proclamiez hier la souillure
et l'infamie !

MARIE.

Bothwell, Darnley n'est pas ce que vous pensez ; il se re-
pent, il est sincère.

BOTHWELL, riant avec amertume.

Sincère ! Et c'est vous... En vérité, Votre Majesté a l'âme
neuve et j'en admire la candeur. — Sincère !... Allons, je n'ai
plus rien à dire et je renonce à convaincre. — Oh ! l'acteur
était habile, la scène bien jouée ; soit ! Mais allez donc pu-
blier partout en Ecosse la nouvelle de cette conversion mé-
ritoire, et pour une bonne âme qui s'y est laissée prendre,
quel formidable concert de sarcasmes et de risées !

MARIE.

Ecoutez-moi. .

BOTHWELL.

Sincère !... Vous ne savez donc pas ce qu'il a dit en sortant
de cette entrevue ?

MARIE.

Qu'a-t-il dit ?

BOTHWELL.

Et ce qui se disait partout... autour de lui... autour de
vous... ici même.

MARIE.

Parlez.

BOTHWELL.

Ces chuchotements, ces haussements d'épaule, ces sourires !... Ah ! l'on s'attendait à bien des faiblesses, mais...

MARIE.

Qu'est-ce donc ?

BOTHWELL.

Patience! patience! Le vautour qui roucoule en cage reprendra en plein soleil ses griffes et sa voracité natives. — Sincère!... soit! (D'un ton résolu.) Ma mission est terminée, je me retire.

Il fait mine de sortir.

MARIE, éperdue, le retenant.

Ah! c'en est trop! mon cœur se brise! — Bothwell, pardon! Accepte ce sacrifice, il est immense, il est digne de toi! Ne me dis pas que je ne t'ai point aimé! Malheureuse! Je ne t'ai que trop aimé! Je ne te le reproche pas, je ne t'accuse pas. C'est moi que j'accuse, moi qui suis le malheur de tous ceux qui m'aiment, moi qui ai jeté dans ton cœur une passion fatale que je devais étouffer de mes propres mains! Songes-y, Bothwell, mon fils m'interrogera un jour sur le nom de son père; s'il me demande de le conduire à son tombeau, est-ce moi qui dirigerai ses pas, qui lui apprendrai à pleurer et à prier pour lui? Veux-tu que je lui dise: « C'est « moi, ta mère, qui l'ai tué! » Va voir Darnley, va le voir toi-même; tu seras ému comme j'ai été émue; tu pleureras comme j'ai pleuré; laisse faire la mort, bientôt elle aura achevé son œuvre; et du moins nos mains seront restées pures!

On entend des clameurs au dehors.

BOTHWELL.

Tenez, écoutez.

MARIE, s'approchant de la fenêtre.

Quel est ce bruit?

BOTHWELL.

Des groupes qui passent dans la rue et se dirigent vers le prieuré.

MARIE, prêtant l'oreille.

Vive Darnley! vive le roi! ces airs de défi... de menace... des injures!

BOTWELL, l'attirant de côté.

Prenez garde.

On entend un coup de feu.

MARIE, avec terreur.

Un coup de feu tiré dans cette fenêtre! (Bothwel fait quelques pas
vers le fond.) Qu'allez-vous faire?

BOTHWEL.

Adieu, madame.

Il tire son épée.

MARIE.

Bothwell!

BOTHWELL, accent résolu et douloureux.

Ce que je vais faire? Il n'y a donc de douleurs que pour
vous? Je n'ai rien souffert, moi; il ne me reste vient à souf-
rir. Ce que je vais faire? Entre lui et moi, Votre Majesté a fait
son choix; entre une vie désespérée et la mort, j'ai fait le
mien.

MARIE.

Que voulez-vous dire?

BOTHWELL.

Ecoutez ces imprécations de rage, ce n'est pas vous seule
que l'on menace. Eh bien, je vais au-devant de leurs vœux;
mon défi ne restera pas un instant sans réponse.

MARIE.

Au nom du ciel!.. je vous ordonne..

BOTHWELL.

Laissez-moi; la mort c'est ma délivrance, c'est la vôtre.
Laissez-moi, le roi vous attend. (Allant à la fenêtre.) Allons, misérables, à vos arquebuses!

MARIE, se jetant devant lui.

Bothwell!

BOTHWELL, l'écartant.

Madame...

MARIE, vaincue et d'une voix éteinte.

Bothwell !...

Elle tombe affaissée sur un canapé. Bothwell jette son arme et se précipite vers elle.

BOTHWELL, avec transport.

Tu m'aimes !. non, cet accent ne m'a pas trompé.. Tu m'aimes. Je le vois sur ton visage, je le sens à cette main qui frémit dans la mienne. Tu m'aimes. Et moi par mon désespoir, par mes colères, par cet orage qui tout à l'heure a soulevé mes sens, juge quel est mon amour. Tu m'aimes. Que m'importe le reste. Pardonne-moi, Marie. Non, plus de ces pensées qui t'affligent, qui nous divisent; plus d'angoisses, plus de larmes! que tout autour de nous, soit bonheur, plaisir et fête...... et espoir. (Marie, les yeux baissés et détournés, lui abandonne machinalement la main. Il appelle.) Bernett! (L'huissier paraît.) Sa Majesté assistera ce soir au bal donné à Holyrood à l'occasion des noces de Catherine Seyton. Vous préviendrez la noblesse présente à Edimbourg. Ainsi le veut la reine. (A part.) Elle est à moi; à moi seul.

FIN DU TROISIÈME ACTE

ACTE QUATRIÈME

La scène se passe à Holyrood pendant un bal. — Le théâtre
représente une salle attenante à plusieurs autres. — Au fond,
une galerie. — A droite, une porte et des fenêtres.

SCÈNE PREMIÈRE

ROLAND et CATHERINE traversent la scène en se donnant le
bras — On entend au fond de la musique.

CATHERINE.

Enfin, nous voilà seuls ! seuls, libres et à nous-mêmes !
Enfin, je puis te dire combien je suis heureuse, Roland,
combien je t'aime !

ROLAND.

Un premier baiser, Catherine ?

CATHERINE.

A toi pour la vie ! (Ils s'arrêtent devant une fenêtre ouverte.) Vois;
la ville silencieuse, assoupie; ces lueurs argentées au milieu
des ombres ! tout est tranquille ; tout dort ! Ici le bruit,
l'éclat... là le calme, une sérénité immobile... je ne sais quel
doux mystère qui convie au repos !

ROLAND.

Et à l'amour, Catherine.

CATHERINE, lentement avec émotion.

La vieille église de Saint-Gilles où j'ai reçu le baptême...
la roche d'Arthur où je jouais enfant! au loin, la mer! là-bas,
cette lumière qui scintille, c'est la chambre du roi au prieuré!
Heureux, lui aussi! Heureux de revivre, d'aimer, d'embrasser son fils! Ainsi tombent ces bruits de séparation et d'exil;
bruits infâmes!..

ROLAND.

En croire un mot, c'est outrager la reine.

CATHERINE.

Une émotion inconnue me pénètre. Le charme de cette
première soirée restera vivant dans nos cœurs, n'est-ce pas?
Qu'il vienne encore nous réjouir dans nos vieilles années.
(Souriant doucement.) Car nous aussi nous vieillirons, Roland! Un
jour ce blond duvet deviendra barbe grise; de jeunes têtes
souriront, auprès des nôtres; tu instruiras nos fils; et moi
je raconterai de belles histoires « du temps que lord Fleming
me faisait la cour! »

ROLAND.

Chère Catherine. (Prêtant l'oreille.) Ecoute... on appelle; c'est
nous qu'on réclame au banquet; encore quelque joyeuse
santé à laquelle il nous faudra répondre.

CATHERINE.

Quel contre-temps! nous étions si bien ici! reste.
Un jeune homme paraît à gauche en appelant « Roland! »

ROLAND.

On m'a vu; cache-toi. (Haut.) Je viens. (Le jeune homme disparaît.) J'y retourne pour un instant; un seul, et je reviens près
de toi.

CATHERINE.

C'est cela ; je t'attends.

Il sort. Catherine reste près de la fenêtre — surviennent Bothwell et Redwine d'un côté, de l'autre Lindsay, Argyle et Lethington — des groupes passent de temps à autre dans la galerie du fond.

SCÈNE II

BOTHWEL, REDWINE, LINDSAY, ARGYLE, LETHINGTON, CATHERINE cachee.

BOTHWELL, à Redwine.

Tu viens du prieuré?

REDWINE.

Oui, milord.

BOTHWELL.

Eh bien! quelles nouvelles?

REDWINE.

Mauvaises nouvelles! — Rien à faire ce soir.

BOTHWELL.

Et pourquoi?

REDWINE.

La reine, qui craint une surprise, sans doute, a fait poser une garde de vingt hommes, avec l'ordre absolu de ne laisser entrer personne.

BOTHWELL.

Je le sais; précaution inutile; tes hommes sont prêts?

REDWINE.

Oui, milord ; et quelles gens ! Mais milord...

Bothwell se rapproche du groupe ; Catherine s'avance et écoute ; Redwine
se retire à l'écart avec un geste de dépit.

BOTHWELL, aux conjurés.

Rendez-vous dans la salle des gardes, de là au prieuré.

ARGYLE.

Le mot de passe ?

BOTHWELL.

Ecosse et Saint-André.

LINDSAY.

Mais si personne ne peut pénétrer jusqu'au roi ?

BOTHWELL.

Soyez tranquilles, — des hommes sont déjà cachés près de sa chambre. Après le meurtre, l'incendie. L'explosion et les ruines cacheront bien l'œuvre du poignard.

ARGYLE.

L'heure précise ?

BOTHWELL.

La reine va venir ; nous devons lui rendre nos hommages ; une heure après son entrée je serai libre, et je donnerai le signal. Sir Lethington, je viens de voir le laird de Buccleugh, faites en sorte que le vieux montagnard ne puisse se trouver seul avec la reine.

LETHINGTON.

Je me charge de lui.

BOTHWELL.

A bientôt, milords.

LINDSAY et ARGYLE.

Nous sommes prêts.

Ils font quelques pas vers le fond de la scène et aperçoivent Catherine qui cherche à fuir.

BOTHWELL, *prenant Catherine par le bras.*

Vous étiez là?

Tous reviennent sur le devant.

CATHERINE, *tremblante.*

Oui.

BOTHWELL.

Vous avez entendu?...

CATHERINE.

Milords...

BOTHWELL.

Malheur sur vous!

CATHERINE, *se redressant avec énergie.*

Oui, j'étais là, oui, j'ai tout entendu, tout compris. C'est la vie de Darnley, le sang du roi; mais Dieu m'exauce! cela ne sera pas!... oh! non, cela ne sera pas!

LETHINGTON.

Catherine, vous vous perdez!

CATHERINE.

Où est la reine? Je veux parler à la reine.

BOTHWELL.

Catherine!

Les lords l'entourent d'un air menaçant.

CATHERINE, *alarmée; avec douceur et émotion.*

Eh bien, non, j'ai tort; tenez, milords, me voici à vos genoux. Ce jour où Dieu a daigné me bénir, ce jour m'appar-

tient! Qu'il ne soit pour personne un jour de terreur et de
deuil! Il est sacré pour moi ; qu'il le soit pour tous ceux que
je protége! C'est mon droit, mon privilége, ne me le déniez
pas. Pardon, milords; mais le bonheur rend audacieux, vous
le savez; quand nous sommes heureux, quand le ciel nous
sourit, nous voulons que tout autour de nous soit lumière
et joie.

LINDSAY.

Il faut en finir.

CATHERINE.

Pitié, milords; un de vous est père, sans doute; eh bien,
le jour où il conduira sa fille à l'autel, il ne voudrait pas que
le sang d'un pauvre jeune homme assassiné vînt rejaillir sur
sa robe nuptiale!

BOTHWELL, avec colère.

Assez, vous dis-je, assez!

ARGYLE.

Qu'on nous débarrasse de cette folle!

CATHERINE, avec exaltation.

Folle!... oui, je l'étais! Qu'allais-je faire de frapper sur
ces rochers! assez de prières, assez d'humiliations! Eh bien,
que l'on m'entende! Je parlerai, je dirai que les premiers
pairs de l'Ecosse préparent le plus lâche des assassinats; je
dirai...

Pendant ce temps de groupes paraissent dans le fond. On entend de la musique.

Les lords inquiets remontent la scène, puis reviennent.

BOTHWELL, prenant avec violence la main de Catherine.

Vous ne direz rien. Prenez garde, on ne m'offense pas
deux fois. Celui qui ose menacer un roi sur son trône est
assez fort pour réduire une fille de cour au silence, et la
briser, s'il le faut. Ce qui doit être, sera; vous êtes seule ici

contre tous. Une indiscrétion ne sauvera personne ; elle vous perdra, je vous le jure. Donc, pas un mot, pas un souffle, pas un murmure! Vous aimez Roland?

CATHERINE, atterrée.

Milord !

BOTHWELL.

Le silence pendant une heure, ou des larmes pour la vie !

CATHERINE.

Monseigneur !

BOTHWELL.

Choisissez.

L'HUISSIER, annonçant.

Sa Majesté la reine.

ARGYLE.

Si nous la faisions disparaître?

BOTHWELL.

Une épousée au milieu de son bal! En un instant tout le monde serait en rumeur. Elle aime son Roland et elle se taira. (A Redwine et de manière à être entendu de Catherine.) Sir Redwine, vous vous attacherez aux pas de miss Seyton et ne la quitterez pas plus que son ombre, et au moindre indice de trahison...

REDWINE.

Oui, milord.

BOTHWELL, aux conjurés.

N'importe, il faut se hâter ; ne me quittez pas des yeux. et au premier signe...

Ils vont vers le fond saluer la reine qui est entrée pendant ce temps ; Roland rejoint Catherine.

REDWINE, seul sur le devant.

Non, milord, non. Tigres et renards ligués ensemble, prenez un autre limier pour traquer la colombe. Va, noble fille !
quant à moi... Vive Dieu ! je vais boire à ta santé !

SCÈNE III

LES PRÉCÉDENTS, MARIE, BUCCLEUGH, LA COUR.

MARIE, prenant les mains à Catherine et à Roland ; elle est pâle et parle
avec une émotion contenue.

Ce beau couple d'abord. Ne sont-ils pas les rois de la fête ?
Fiers et ravis l'un de l'autre ! Pour vous le ciel est sans nua-
ge, et les hommes sont bons. Soyez heureux.

CATHERINE, avec angoisse.

Madame .

MARIE.

Tu es pâle, Catherine, qu'as-tu donc ?

Catherine veut parler, mais elle rencontre le regard de Bothwell. — Elle
s'affaisse dans les bras de Roland.

CATHERINE.

Rien... la chaleur... que Votre Majesté m'excuse... un peu
d'air me remettra.

Elle sort avec Roland qui la soutient.

LETHINGTON.

Emotion de mariée n'est pas un cas mortel.

BOTHWELL, bas à Argyle.

Eh ! bien, êtes-vous rassuré ?

MARIE, saluant autour d'elle.

Milord Bedford !... (A Dncroc.) Monsieur le comte!.,. vous voyez que notre cour d'Écosse n'est pas si déshéritée de plaisirs.. de charmants visages surtout. (Apercevant Argyle et Lindsay. — Mouvement de surprise. — Soupçonneuse.) Eh ! quoi ! le comte d'Argyle !... lord Lindsay lui-même, qui veut bien concilier son austérité religieuse avec les plaisirs d'un monde profane !.. Bonne fortune rare !.. trop rare !.. d'autant plus précieuse, milords!... Le comte d'Argyle, je gage, se sentirait plus à l'aise sous une cotte de maille que sous ce pourpoint de soie.

ARGYLE.

En effet, madame ; j'ai connu un temps où la noblesse d'Écosse se montrait à ses rois plus souvent les armes à la main qu'en habit de cour dans les divertissements et les fêtes.

MARIE.

Autre temps, autres mœurs, milords ! La fidélité du sujet n'a pas besoin d'un appareil de guerre pour faire agréer son gracieux témoignage — (Elle voit Buccleugh ; — geste d'émotion qu'elle réprime aussitôt.) Le laird de Buccleugh!.. Je craignais d'apprendre, sir Buccleugh, que vous ne fussiez déjà parti, et j'aurais regretté....

BUCCLEUGH.

Je réglerai la durée de mon séjour à la cour sur le bon plaisir de Votre Majesté. — Le roi d'Ecosse ?...

LETHINGTON, l'interrompant vivement.

Le roi d'Ecosse est trop faible pour assister à cette fête ; mais nous espérons que sous peu.... Sir Buccleugh, j'ai l'honneur de vous présenter sir Bewis, un de mes meilleurs amis.

MARIE, avec angoisse prend Bothwell sur le devant de la scène. — On
entend la musique au fond.

Bothwell ?

BOTHWELL, avec un enjouement affecté.

Eh! pour Dieu! qu'y a-t-il?

MARIE.

Je me sens mal... je souffre.

BOTHWELL.

Votre Majesté me permettra de me rassurer en regardant son visage.

MARIE.

Il y a ici des personnes qui n'y viennent pas d'habitude.

BOTHWELL.

Eh bien?

MARIE.

Leur attitude, ces regards, ces sourires... Bothwell, sur votre honneur, sur le salut de votre âme!.. sa condamnation, son exil, j'y ai souscrit d'avance; mais point d'œuvre cachée, point de...

BOTHWELL.

Eh quoi! de pareilles idées en pleine fête! Si c'est là tout ce qui vous fait peur, que le calme renaisse sur ce front charmant.

MARIE.

Vous me jurez...

BOTHWELL.

Enfant, je vous jure que vous êtes belle et que vous occupez seule toute ma pensée.

MARIE.

Pardon, ce n'est pas vous que ces soupçons peuvent atteindre, mais....

BOTHWELL, avisant un personnage qui se tient à quelque distance.

Voici monsieur l'ambassadeur de Venise, que je prive du bonheur de présenter ses hommages à Votre Majesté (A l'ambassadeur.) Que Votre Excellence veuille bien m'excuser.

Marie entourée de seigneurs, de dames, et accompagnée de Bothwell, s'en va dans une des salles de côté. — Au côté opposé entrent Catherine puis Roland qui la suit. Catherine, pâle, anxieuse, fait quelques pas dans la direction suivie par la reine, puis s'arrête.

SCÈNE IV

CATHERINE, ROLAND.

CATHERINE, à elle-même.

Oh ! la reine ! la reine ! mais ce Bothwell toujours à ses côtés !

ROLAND, la rejoignant.

Catherine, je t'en conjure, que se passe-t-il enfin ? Parle, au nom du ciel ! Qu'y a-t-il ?

CATHERINE.

Mon Dieu ! mon Dieu !

ROLAND.

Catherine....

CATHERINE.

Silence ; viens. (Elle l'attire dans un coin de la scène.) Tu m'aimes ?

ROLAND.

Tu me le demandes.

CATHERINE.

Roland, nous devons tout à la reine ; tout.

ROLAND.

Comment l'oublierais-je ?

CATHERINE.

Si pour elle... pour le roi qu'elle a rappelé... que te dirai-je enfin?... ma tête se trouble... mais tâche de deviner et de comprendre; si....

ROLAND.

Je n'ai besoin de deviner ni de comprendre, demande.

CATHERINE.

Bien, mon Roland, tu es bien celui que mon cœur a choisi. (Un groupe paraît dans le fond, puis disparaît.) Qui va là ?

ROLAND.

Il n'y a plus personne.

CATHERINE.

Ecoute, et quoi que je te dise, sois maître de ton émotion, commande à ton visage; défends-lui de te trahir.

ROLAND.

Parle.

CATHERINE.

Cette nuit on doit assassiner le roi. (Mouvement de Roland.) Ne m'en demande pas plus ; le temps, les forces me manquent. Ce que je te dis, je le sais.

ROLAND.

Assassiner le roi ! mais la reine; il faut lui dire...

CATHERINE.

Arrête; ils sont là qui l'entourent.

ROLAND.

Ah ! n'importe!

CATHERINE.

Arrête, te dis-je ; si j'avais pu le faire moi-même...

ROLAND.

Aurais-tu couru quelque danger ?..

CATHERINE.

D'autres moyens nous restent ; dans une heure il doit
périr ; Roland, cette heure est à nous.

ROLAND.

Je cours au prieuré.

CATHERINE.

Bien ; tu pourras les devancer ; tu les devanceras ; dis-lui
qu'il parte ; qu'il fuie ; ou plutôt qu'il vienne ici près de la
reine. A nous, à toi, Roland, de les sauver tous les deux.

ROLAND.

Par notre amour, je jure de leur salut. Au revoir.

Il la baise au front.

CATHERINE.

Je t'aime, je t'attends ; toute mon âme est avec la tienne.

ROLAND.

Catherine, au revoir ; je serai digne de toi.

CATHERINE.

Va, va ; et maintenant, je les défie.

Il sort à droite.

SCÈNE V

CATHERINE, seule.

Qu'ai-je fait? je le perds peut-être ; un obstacle imprévu...

un retard... cette maison minée... remplie d'assassins. Mon
Dieu! (Allant vers la porte.) Roland!.. trop tard! que le ciel te
protége!.. mes forces sont à bout...

> Elle s'assied sur un siége dans l'embrasure de la fenêtre à droite et regarde
> au dehors à demi cachée par les draperies. — Marie entre.

SCÈNE VI

MARIE, CATHERINE.

MARIE, à elle-même.

Je ne puis me dérober à cette idée; oui quelque chose de
sinistre pèse sur cette fête. — J'ai beau me dire que le prieuré,
est gardé, que sir Crighton me l'a répété tout à l'heure, et
qu'il me répond de son honneur; mais lui-même qui me
répond de lui? A qui me fier?... Non, non, ma place n'est
point ici; il faut que je m'assure par moi-même... et dussé-
je aller seule...

> Catherine bouleversée se précipite vers la reine et l'attire du côté de la
> fenêtre

CATHERINE.

Partis! ils sont partis!

MARIE.

Qu'y a-t-il donc?

CATHERINE.

Là — Voyez, ils s'éloignent, dans l'ombre, madame, ils
vont tuer le roi!

MARIE, avec énergie.

Le roi! malheur à qui ose le menacer!

CATHERINE.

Je les ai vus, je les ai entendus — ici, tout à l'heure.

MARIE.

Qu'on les poursuive — qu'on les arrête! et s'ils résistent....

CATHERINE.

Lindsay ; Argyle ; Bothwell.

MARIE attérée.

Bothwell.

CATHERINE.

Dans une heure la mort! — l'incendie! venez.

MARIE.

Bothwell!

CATHERINE.

J'ai envoyé Roland près du roi ; s'ils le surprennent, il est perdu ! vite, madame ; vite au prieuré! Rassemblez votre garde, vos gentilshommes ; armez contre eux tout Edimbourg, s'il le faut.

MARIE, à elle-même.

Le salut de l'un c'est la perte de l'autre. (Haut.) C'est impossible — cela n'est pas vrai...

> Pendant ce temps, un officier dispose des sentinelles dans la galerie du fond. — On entend la musique de la danse.

CATHERINE, allant à la porte de côté.

Fermée!.. O Roland! Roland !

> Elle se dirige vers le fond de la scène.

MARIE, la retenant.

Où vas-tu ?

CATHERINE.

Dénoncer leur complot... répandre l'alarme.

MARIE.

Tais-toi! par grâce, tais-toi.

CATHERINE.

Qu'on les poursuive, qu'on les arrête, avez-vous dit, et s'ils résistent...

MARIE.

Attends, te dis-je. Mon Dieu! mon Dieu!

CATHERINE.

Et qui donc me retiendra? Qui donc osera me dire : « Ton mari est en danger de vie et tu le laisseras périr!. » (Elle va vers la galerie ; puis revient effrayée à l'aspect des gardes., Madame, vous êtes la reine, faites ouvrir ces portes ; pour l'amour de Dieu, faites-les ouvrir! Pourquoi ces soldats? ces issues gardées? Mais vous-même, madame ; ce visage contraint? ce regard qui se détourne?..

MARIE.

Eh! bien, suis-moi, nous irons seules, viens, je réponds de tout.

Elle vont vers la galerie, les soldats font un mouvement pour barrer le passage — Elles reviennent.

CATHERINE.

Vous voyez bien que vous-même vous ne passerez que par force. Appelez donc, appelez ; que tout le monde se précipite en armes sur les pas de ces misérables.

MARIE, éclatant avec une violence désespérée.

Mais lui! malheureuse, mais lui!.. s'ils le rencontrent.

CATHERINE, avec effroi

Qui donc?

MARIE.

Catherine!

CATHERINE.

Parlez. J'ai peur! qui voulez-vous qu'on sauve! qui donc doit périr!.. une affreuse pensée... ah! maintenant, madame,

par pitié, dites-moi que je mens, dites que ce soupçon est
impie! venez.

MARIE.

Catherine, je m'abandonne à toi! Pense, dis ce que tu
veux. — Au point où j'en suis, je subirai toutes les hontes.
— Je voudrais le détester, je voudrais le bannir, je ne le
puis....

CATHERINE, atterrée.

Vous l'aimez!

MARIE.

Je l'aime! oh! tu aimes aussi, toi, mais qu'est-ce ton amour
auprès du mien! Tu aimes comme on aime au ciel ; moi
comme en enfer! en me maudissant, en me détestant, avec
torture, avec rage, avec la haine de moi-même!

CATHERINE.

Seigneur!

MARIE.

Pardonne! Tu n'étais pas faite pour entendre de pareilles
choses! Jamais un cœur de seize ans ne les aurait devinées ;
mais moi, je me condamne à te les dire! Je ne veux plus;
j'obéis; je n'ai plus qu'un courage, celui du remords, un
souhait, celui d'en finir à tout prix! Les angoisses de la lutte
me sont plus odieuses que la mort! Je puis mourir, c'est
mon désir; renoncer, jamais!

CATHERINE.

Oh! madame!

MARIE.

Si j'avais pu vaincre, c'était ce matin; j'ai été vaincue;
c'est pour toujours. J'ai vu Darnley. Cette main a pressé la
sienne; elle est encore humide de ses baisers; ces yeux ont
pleuré avec les siens! Et à peine l'avais-je quitté qu'elle était

déjà là, implacable et sans merci, cette passion fatale qui me
domine et m'écrase. J'ai souffert, je me suis consumée, je
suis à bout. Parle, que ton cœur déborde ! Appelle-moi de
tous les noms ! Que m'importe ! je sais bien que, je suis
perdue ! Si l'un des deux doit périr, eh bien !......

CATHERINE, avec terreur.

Madame, n'ajoutez rien... lâchez cette main ; — mon sang
se glace ; — où suis-je ? Est-ce un mauvais rêve, un vertige ?
mais non ; la réalité est là ; elle me presse, elle me tue. Pour
la dernière fois, madame, laissez-moi sortir. Chacune de vos
paroles est un leurre ; c'est du temps que vous gagnez, moi,
j'en perds, et ce temps, c'est sa vie ! Aimez, sauvez, sacrifiez
qui vous plaît, le roi, Bothwell ou d'autres ; je ne veux que
Roland, moi, mais je le veux, je l'aurai.

MARIE, la retenant.

Catherine !

CATHERINE.

Laissez-moi. (Regardant du côte de la fenètre.) Grand Dieu, la
lumière a disparu !

MARIE.

Prenez garde, je suis reine !...

CATHERINE, fièrement.

Et moi je suis épouse !... (Elle éclate en sanglots.) Ah ! madame !
c'est mal de me faire parler ainsi ! Vous avez eu pour mon
enfance les tendresses d'une mère ; Dieu vous pardonne de
m'avoir faite ingrate envers vous ! Car vous m'avez appris à
méconnaître ce qu'il y a de plus saint dans ce monde, et vous
ne savez pas ce que mon pauvre cœur souffre d'avoir à mau-
dire ce qu'il a toujours aimé et respecté !

MARIE, émue.

Catherine, merci ! chaste enfant ! âme noble et pure, ce

n'est pas en vain que j'ai respiré ton souffle. (*Allant au fond de la scène.*) Au secours! aux armes! (*On accourt.*) Sir Buccleugh, et vous, messieurs, à vos épées! Que l'on rassemble ma garde! Que l'on sonne le tocsin d'alarmes! Que tout ce qui porte ici un cœur d'homme et une main loyale se lève avec moi et me suive!

BUCCLEUGH.

Qu'y a-t-il?

MARIE.

Des traîtres sont sur le point d'assassiner le roi. — Au prieuré! — suivez-moi!

Entre Roland blessé et l'épée à la main.

SCÈNE VII

LES MÊMES, ROLAND.

CATHERINE, *se jetant dans les bras de Roland.*

Roland!

ROLAND.

Vite! main forte, ou tout est perdu!

CATHERINE, *voyant sa blessure.*

Du sang?

ROLAND.

Rien! Des hommes masqués...

MARIE.

Le roi?...

ROLAND.

Je n'ai pu parvenir jusqu'à lui ; le prieuré est cerné.

MARIE.

Marchons !

Un officier avec des soldats lui barre le passage.

L'OFFICIER.

Défense de passer !

MARIE.

Je suis la reine !

L'OFFICIER.

Que Votre Majesté me pardonne ; mais en sortant du palais, elle exposerait sa vie !

MARIE.

Sur la vôtre, je vous ordonne...

CATHERINE, montrant la fenêtre.

Ciel ! voyez !

Une détonation se fait entendre au dehors ; tout le monde se précipite par les portes.

MARIE, tombant inanimée sur un fauteuil.

Ah ! je meurs !

CATHERINE, à Roland.

Viens, fuyons !

Elle sort avec Roland.

SCÈNE VIII

MARIE, seule.

Après quelques instants elle se relève égarée.

Seule ! Personne !.. leur fais-je déjà horreur ! (Elle regarde du côté de la fenêtre) Un feu, un feu immense ! Des flammes rouges comme le sang ! — Qu'entends-je ! que disent-ils ? (Elle prête l'oreille) « Il est mort ! le roi est mort ! » Mort ! Ah ! les lâches, ils m'ont trompée !.. A moi donc !.. aux armes !.. Ah ! ils me le paieront ! — Oui, que le ciel m'entende, ils me le paieront ! Le ciel !.. Le ciel est juste pour tous ! Punir ! qui punir ? Ils m'ont fidèlement servie. Malheureuse ! tu n'as pas de sang aux mains, mais ton âme en est noyée ! (Revenant vers la fenêtre). Que font-ils ? ils vont venir. Où me cacher ?... où fuir ? Regarde encore... il est là-bas, meurtri, déchiré, sanglant ! Peut-être n'a-t-il pas rendu le dernier souffle ; peut-être sa voix expirante murmure-t-elle mon nom ; ses yeux me cherchent dans la foule et m'adressent une prière !.. Henri... Henri !

SCÈNE IX

MARIE, BUCCLEUGH.

BUCCLEUGH.

Marie !

MARIE, se précipitant vers lui.

C'est vous, sir Buccleugh ? Ne me parlez pas, c'est inutile. —

Il est mort, je le sais; — il a été tué, je le sais. Tué par qui?
Par moi, sachez-le, par moi!

BUCCLEUGH.

Ciel!

MARIE.

Je pressentais leurs projets et je ne les ai pas conjurés; je
leur ai opposé la ruse, c'est par la force qu'il fallait les com-
battre. Je pouvais le sauver, hier, aujourd'hui, tout à l'heure;
je ne l'ai pas sauvé! Donc c'est moi qui l'ai tué... moi, vous
dis-je; moi!

BUCCLEUGH.

Hélas!

MARIE, exaltée jusqu'au délire.

Non... point de pitié... justice!... je veux, je dois être
maudite. Que justice se fasse... entière, inflexible! Ah! je la
sens en moi qui commence son œuvre! Ne voyez-vous pas
ces doigts accusateurs qui me désignent? Entendez-vous ce
concert de ricanements, de clameurs infernales, cette tempête
de malédictions qui mugit autour de moi et m'enveloppe dans
un tourbillon sinistre? Et puis, dans ce noir cachot, un échafaud qui se dresse! un homme attend, appuyé sur une hache!
une femme... le diadème au front... elle sourit d'un air de
suprême triomphe... Elisabeth!... une autre, vêtue d'un
long manteau de deuil, monte les degrés de l'échafaud, c'est..
(Elle pousse un cri et se jette dans les bras de Buccleugh.) Ah! tuez-moi,
tuez-moi! Plutôt vous que le bourreau!

BUCCLEUGH, la pose presque inanimée sur un fauteuil.

Marie... revenez à vous!

Silence pendant quelques instants. — Marie, reprend peu à peu ses sens.
La prostration succède au délire. On entend la foule qui s'approche.

MARIE, se redressant vivement.

Les entendez-vous? ils viennent, mes complices, — Partez,

sir Buccleugh ; vous êtes un honnête homme, vous ; vous
êtes l'honneur de l'Écosse, votre place n'est point ici. C'est à
eux que j'appartiens, non à vous. Oui, je leur appartiens,
tout entière!... Partez, vous dis-je, partez ;

La foule revient sur la scène.

SCÈNE X

Les Mêmes ; LETHINGTON ; LINDSAY ; BOTHWELL ; ARGYLE.

LETHINGTON.

Madame, nous avons la douleur d'annoncer à Votre Majesté un événement funeste. Darnley, votre époux, est mort.
La conspiration qui a frappé ses jours menaçait aussi les
vôtres ; nous en avons été instruits tout à l'heure, ici-même ;
trop tard pour sauver le roi, assez à temps pour sauver la
reine, en l'empêchant de franchir les portes de son palais.
Nous nous inclinons, madame, devant les hautes convenan-
ces que cette situation impose à tous ceux qui la compr" -
nent ; toutefois, qu'il me soit permis de le dire, madame : si
lamentable qu'il soit, cet événement ne semble-t-il pas être
un de ceux qui portent en eux-mêmes leur propre conso-
lation, puisqu'à côté du deuil qu'il nous inflige, il nous offre
l'ineffable joie de voir la reine échapper triomphante et libre
aux atteintes de ceux qui la menaçaient? Tels sont les sentiments des loyaux sujets accourus auprès de vous, madame,
et qui m'ont chargé d'affirmer à Votre Majesté que cette perte
inattendue, loin de nuire à la solidité du trône n'en fera qu'assurer davantage le prestige et l'éclat. Vive la reine !

LA FOULE.

Vive la reine !

6

LINDSAY.

Vive la sainte religion presbytérienne !

BOTHWELL, s'avance vers Marie et lui présente la main.

Votre Majesté me permettra-t-elle de lui offrir la main jusqu'à son appartement?

MARIE, recule avec terreur. Voix sourde.

Quelle est cette main que vous m'offrez, milord Bothwell ?

BOTHWELL.

Celle d'un fidèle serviteur de Votre Majesté.

MARIE, lui donnant la main. Air résolu et sombre.

Que cela soit donc, et qu'un même destin nous conduise !

BOTHWELL, à mi-voix.

Au bonheur?

MARIE, le regardant en face.

A l'expiation !

LA FOULE.

Vive la reine !

FIN

CHATILLON-SUR-SEINE. — IMPRIMERIE E. CORNILLAC

www.ingramcontent.com/pod-product-compliance
Lightning Source LLC
LaVergne TN
LVHW012205170726
843503LV00005B/1881